吴重庆

中山大学哲学系教授，博士生导师，中山大学华南农村研究中心副主任，《开放时代》特约主编。1964年出生于福建莆田。1991年获中山大学中国古代哲学专业哲学博士学位，1990年代曾创办《岭南文化时报》。

曾先后在哈佛－燕京学社、香港大学新闻与传媒研究中心、新加坡国立大学东亚研究所、台湾大学人文社会高等研究院、成功大学台湾文学系做访问学者。

主要研究民间宗教以及华南乡村社会变迁，并关注中国底层社会的被创制、社会主义新传统等议题。已出版的著作包括《儒道互补》（广东人民出版社，1993年）、《穿越斑马线》（海天出版社，1993年）、《本土情怀》（上海远东出版社，1998年）、《华南古村落：搁浅于时光长河的乡土与人》（北京大学出版社，2011年）。业已付梓的著作还有：《孙村的路：后革命时代的人、鬼、神》（法律出版社，2014年）、《无主体熟人社会及社会重建》（社会科学文献出版社，2014年）。

中山大学"985 工程"资助

白昼之子

六 十 年 代 学 人 独 白

吴重庆 作品

社会科学文献出版社
SOCIAL SCIENCES ACADEMIC PRESS (CHINA)

目　录

默片时代的声音
　　——20 世纪二十至三十年代的中国无声电影　/ 003

从边缘到边缘　/ 017
生于八十年代
　　——对作为一种校园生活状态的辩论的追忆　/ 025
关于我们这一代人　/ 032
抵制一元化的姿态　/ 037
　【访谈】吴重庆：行动力量　/ 045
风中的火柴
　　——《岭南文化时报》五年纪事　/ 054
　【附录1】怀念《岭南文化时报》　/ 069
　【附录2】周翠玲《羊城声色味》序　/ 072
回应中国的社会变迁
　　——以《开放时代》为中心　/ 074

我们是白昼的儿子　/ 091

【附录】世界在触手可及之处
　　——哈佛访学随感　/ 109

去道德化的慈善才是可持续的慈善　/ 115
哪门子的"诈捐门"　/ 118
哪个法律可以追究诈捐　/ 121
以社会创新带动扶贫创新　/ 123
长效扶贫需要专业化和社会化　/ 126
告别"以发展代替治理",培育非营利社会组织　/ 129
以"政府向社会购买服务"方式"办"文化　/ 132
何时启动"公益创业计划"　/ 135
大学作为一个社区　/ 138
为佛门进入社会提供公共空间　/ 141
谁妨碍了我们对乞丐施以温情　/ 144

富士康"连跳"的软着陆　/ 149
从"最低工资"到"生活工资"　/ 152
小贩不是都市的敌人　/ 155
希望所有人有尊严地活着　/ 158
仇富重罚与知耻自爱　/ 160
从网络民意到网络民主　/ 163
"两会"的议程设置也需创新　/ 165
我们必须保卫社会　/ 167

农村改革须破除制度障碍 /173
回归"三农"本位，解决"三农"问题 /176
还理性予农民 /179
农村义务教育与社会公平 /181
期待彻底的农村免费义务教育 /186
农村免费义务教育，"留守儿童"的福音？ /189
"坑农"，以"大学"的名义 /192
以教育均衡化推动城镇化 /195

大国兴衰之道 /201
崛起的中国应当如何向世界输出文化 /204
从文化自觉到文化自信 /212

《庄子》书所见之"游艺" /217
天人系统的意义 /227
从"性"到"理"
　　——宋儒对孟子人性论的修正 /239
理学的道家化 /252
语词密林里的儒踪、道影与佛光 /264
你所不知道的帝王
　　——读"学术小说"《李世民》 /276

后　记 /280

正是"严酷的现实限制"和"执着的理念诉求"所构成的张力,驱动20世纪二三十年代中国无声电影试图在沉默的银幕世界发出期待社会反响的"无声之音"。这是一种在资金、市场、受众趣味限制和启蒙狂飙、政治牵引、社会期待夹击下的默片时代的声音。在这种声音里,我们似乎听到八九十年代众声喧哗的前奏。

默片时代的声音

——20世纪二十至三十年代的中国无声电影

中国无声电影在中国存在了30多年（1905~1936年）。1905年，北京的丰泰照相馆摄制了戏剧纪录片《定军山》，此为中国第一部无声电影。但直至1909年，才有第二部无声电影问世；1930年，中国第一部有声电影《歌女红牡丹》在上海诞生，但直至1936年，无声片的大批量商业制作方告结束。中国无声电影诞生的艰难和谢幕的迟缓，表明了电影作为一种全新的艺术形式在中国所面临的严酷的现实限制和电影从业者执着的理念诉求。正是"严酷的现实限制"和"执着的理念诉求"所构成的张力，驱动中国无声电影试图在沉默的银幕世界发出期待社会反响的"无声之音"。这是一种在资金、市场、受众趣味限制和启蒙狂飙、政治牵引、社会期待夹击下的默片时代的声音。在这种声音里，我们听到的是中国无声电影在过度负重和压抑之下的叹息。

一 强势的启蒙话语代默片"立言"

虽然早在1905年中国的第一部无声电影即已诞生，但真正形成具规模的商业制作则迟至20世纪20年代。1911年，中国的帝制被推翻；1919年，一批受西方启蒙思想影响的中国知识分子掀起声势浩大的"新文化运动"，帝制时期的道德规范和价值理念都被视为压抑人性的因素而遭唾弃。在20世纪20年代的中国，改造社会、谋求观念进步的呼声已成为思想文化界的主流话语。欣逢"新文化运动"的高涨，中国无声电影自然想极力加入这场文化狂欢的合唱。不幸的是它先天不足，一出生便得了失语症。那种满怀壮志但又喑哑乏语的无奈，唯有身负社会理想的电影艺术家们体会得最为深切，他们不得不徒手上阵，在银幕之外发表一系列热情似火的言论，聊以慰藉挺身"新文化运动"的冲动。以商业为取向的各个电影制作公司，也纷纷顺应社会风气，无不以改造社会、促进观念进步自许，以期招徕观众，笼络民心，抢占市场。而当时的中国文化界，同样期待无声电影成为改造社会的利器。于是，电影作为一种教化的工具，几乎得到全社会的认同，电影艺术家们似乎忘记了电影所具有的独立的艺术价值，而电影制作公司似乎也忘记了电影的商业性。电影的社会功能被无限地夸大着。

20世纪20年代，在中国的各大城市，电影制作公司纷纷设立。这些电影公司在其创办之初，往往在当时的电影杂志或本公司出品的处女作宣传特刊上发表各自的宣言，表明其创办宗旨。这些宣言无不把改造社会、教化民众作为其第一要务。如商务印书馆活动影戏部宣言："吾人应当辨别影片的内容，是否可以引起国民的良善性，是否可以矫正一般的坏风俗；果然能够，我们便当借影戏为教育的一大助手了。"（《电影杂志》1924年第3期）"天一公司"宣言："今日的电影，不仅是一件纯粹的娱乐品，而且是做了文化的前线上一位冲锋的战士了！"（《中国电影年鉴》，1934年）"联华影业制片印刷有限公司"宣言，电影的功能在"寓教育之助益于民众娱乐中。改良风化，箴砭社会，厥功甚伟"（《影戏杂志》1930年第1卷第9期）。

与电影公司成立相伴生的是众多电影刊物在20世纪20年代的创刊。这些刊物更是在极力倡导电影的教化功能,如"二十世纪之电影事业,俨然成为一种势力,足以改良社会习惯,增进人民智识,堪与教育并行,其功效至为显著"(《电影周刊》1921年第1号)。"我们相信中国的国民性是一种颓唐衰朽,冷酷无情的国民性。这种国民性在现代有根本改革的必要。银幕艺术是改革这种国民性的一种工具,而且是比任何种艺术还要具体而且普遍的工具"(《银幕评论》1926年第1卷第1号)。在一片电影教化论的呼声中,电影的功能日益被夸大,如"影剧是普度众生脱离悲痛烦闷之境而至实在乐土的慈航"(《电影杂志》1924年创刊号),"影戏事业,为吾中华民国当今第一伟大之新实业,补助社会教育,宣扬古国文化,提倡高尚娱乐,挽回狂澜漏卮,激增爱国热情,日增月盛,举国若狂,前仆后继,努力于此事业者以万计,其功作其使命之重要,可以概见"(《中华影业年鉴》1927年创刊号)。而在受众方面,当然也有人不忘记电影的娱乐功能,但娱乐功能往往被视为次要,如"多看一次电影,多增一分智识,娱乐尤在其次也"(《电影周刊》1924年第8期),电影似乎仅是社会教育的工具,"无论教育有多少伟大的目的,影戏都可以抓得上"(长城公司特刊《浪女穷途》,1927年),"电影实在是个社会的导师,负有社会教育的最大的责任"(《银星》1927年第12期)。更有人把电影提到国家及民族命运所系的高度,"它能导社会于纯朴高尚,发扬民族精神,巩固国家基础。但反面讲,同时它也能陷社会于奢靡淫逸,辱国羞邦,充其极,能使亡国灭族"(《银星》1927年第12期)。

在强势的启蒙话语支配下,中国无声电影负上了过多的重任,而社会对它也产生了过高的期待。但是,中国无声电影果真一如自许和社会期待,在中国的"新文化运动"中扮演冲锋陷阵的战士、社会教化的导师、救国救民的仁人的角色?在种种激越万千的光荣与梦想之中,谁能预料到它将面临的荆棘与陷阱?

二 资金、受众趣味及市场效应制约下的低吟浅唱

兴起于中国"新文化运动"狂飙之中的无声电影并没有因此一路高歌,相反,电影作为一种受制于资本和市场的文化产业,在民族资本幼稚和受众趣味低下的双重制约下,不得不向市场称臣,不得不在银幕内发出低吟浅唱的叹息。以致中国"新文化运动"的领袖人物胡适悲愤地说,在"新文化运动"的影响之下,"戏剧与长篇小说的成绩最坏"(胡适《文学与革命》)。而曾直接参与中国无声电影左翼运动的柯灵,更是在晚年撰文批评道:"在所有的姐妹艺术中,电影受新文化运动洗礼最晚。新文化运动发轫以后,有十年以上的时间,电影领域基本上处于新文化运动的绝缘状态"(《中国电影研究》第1辑,香港中国电影学会,1983年)。

虽然中国无声电影诞生于1905年,但完全由中国人投资拍摄电影事实上迟至1918年,即上海商务印书馆活动影戏部的创建。其原因在于资金缺乏,难以独立发展民族电影工业。1923年,明星影片公司拍摄的《孤儿救祖记》获得了巨大的商业利润,由此刺激了众多投资者的积极性。据统计,1925年前后,在中国各大城市共出现过170多家电影制作公司,其中上海占140多家。这些公司大多为小本经营,一旦流动资金告急,只能完全听命于市场,进而展开残酷的商业竞争,此直接导致1927至1931年间完全以商业为取向的低投入快出品的"古装

片""神怪片""武侠片"的极度泛滥,电影从业者们原先许下的豪言壮语,也已烟消云散,以至于国民政府内政部、教育部属下的电影检查委员会不得不在1931年颁布禁拍武侠神怪片的通令。1931年,中国的电影制作公司锐减至20家。

由恶性的商业竞争而导致影片的粗制滥造,固然与电影制作公司资本弱小有关,但与中国无声电影受众趣味的低下也不无关系。在20世纪二三十年代的中国,民众的平均识字率仅为5%,更严重的是,中国的社会精英对国产片不屑一顾,纷纷以观看外国影片为时尚。如被誉为"民族脊梁"的中国现代文学巨匠鲁迅,其在1916至1936年间共观看过149部电影,其中美国电影占127部,中国电影仅占4部(《鲁迅与电影》,中国电影出版社,1981年)。其原因之一是,中国各大城市的豪华影院皆由外国人投资兴建,并且只能放映外国影片。据统计,1926年,中国共有影院156座,其中由中国人开设的仅11座;1896至1937年,在中国发行的外国影片共达5058部,远远超过中国的无声电影出品数量。当时,由中国人投资经营的影院大多设备简陋,上流社会不愿涉足,只能吸引下层民众,而以数百年来在中国下层社会流播极广的武侠、神怪故事为题材的低俗电影自然最受欢迎。与此同时,在残酷的商业竞争中,各电影公司纷纷向东南亚进军,因为那里居住有大量的华侨,而他们大多是文化程度低下的劳工,与中国无声电影国内观众的趣味并无二致。中国无声电影为求生存,不得不日趋庸俗化,由此引发出一场"电影是不是一门艺术"的辩论。

在20世纪20年代之前,中国无声电影大多属于滑稽片,其放映场所并非专业的影剧院,而是附设于游乐场或马戏团的大棚内。所以,电影在民众的眼里并无艺术性可言。1925年前后,一批受"新文化运动"影响的文艺家和曾留学西方专攻电影的知识分子归国转入电影界,他们开始提出"为人生而艺术""提倡艺术,宣扬文化"的口号,参与制作了一批具有电影艺术手段和表现技巧的中国早期的无声电影。其留给观众的印象是,所谓"艺术性"的电影,就是制作认真的电影。随着市场竞争的加剧,制作精良的电影已难寻踪迹,但这并不妨碍电影公司继续以"艺术"为幌子招徕观众。"近来,艺术艺术的一片声浪,充溢于上海的电影界,制片公司摄毕一部影片,必冠以艺术的影片之美衔,一若不是这么做法,不足以显示其片成绩之优良,而逗起阅者的注意力,购片商也以艺术片为唯一的需要"(友联公司特刊第3期《儿女英雄》号,1927年)。而低趣味的观众事实上并不需要艺术片。当时极具影响力的编剧郑正秋就感叹道:"今之大多数观众……欢迎火爆,不喜冷隽,于是作剧者,亦偏重剧烈之事实,如杀人放火,穷凶极恶之徒,常为观众所见之于银幕,善者极善,恶者极恶,而善有善报,恶有恶报,又为千篇一律之剧规,盖不如是,即不能使观众大快人心,不如是即不合观众眼光也,其描写者是否真的人生观,是否社会上真有其人其事,则非观众之所问矣。"(明星公司特刊第3期《上海一妇人》号,1925年)鉴于中国无声电影的当时情状,人们开始质疑电影的艺术性。"影戏是不是一种艺术,在今日还是争论未决的问题"(大华百合公司《探亲家》特刊,1926年),"近来常有人说,电影是一种艺术,这实在是一句很不妥当甚至错误的话。这正如把文字叫作文学一样地错误……电影正和文字一样,同是表达意念行为的工具……电影本身,我们可以明白完全不是艺术,所以,现今一般人把电影当作艺术,即使不是完全不对,至少也有一半的错误"(神州公司特刊第3期《难为了妹妹》,1926年)。

原先以济世救民自命的中国无声电影,在短短的10年间,就沦落到连自身的合法身份也广受质疑的境地，这不能不说是中国无声电影的悲哀。然而，"国家不幸影家幸"。1931年9月18日，日本入侵中国的枪声，把中国无声电影从萎靡不振的状态中超拔出来。

三 无声的银幕，有声的喉舌

继中国东北沦陷之后，1932年1月28日，日本入侵中国无声电影的大本营上海。当时，许多导演深有同感地说，"中国已不堪破坏""反帝是大任务""九一八的炮声轰醒了我""九一八震撼了沉梦"。从1932年下半年起，中国无声电影的创作者们基本上放弃了此前从神怪武侠传奇中取材的趋向，转而面对国家与民族危机的现实，"给民众一些兴奋，代民众呼喊……给民众一些慰藉"（《1932年中国电影的总结账与1933年的新期望》，《现代电影》第1期，1933年）。1932至1934年间，共有40多家电影公司制作了200多部以激发民众抗日救国为宗旨的无声影片。1932年因此被称为中国电影"转变年"。

在全民抗战的热潮中，中国共产党与国民党的斗争也同时进行。共产党认为电影可以在号召民族抗日的旗帜下有效地动员民众的革命意识，于是成立左翼戏剧家联盟，鼓励左翼剧作家加入电影公司，担任编剧或导演。此外还成立电影评论小组，在上海的各电影杂志发表带有浓烈的无产阶级革命意识的影评。他们宣称，必须发动中国电影界的无产阶级电影运动，与布尔乔亚及封建的倾向斗争（《中国左翼戏剧家联盟最近行动纲领》，《文学导报》1卷6、7期合刊，1931年），认为此前的中国无声电影完全是畸形的，"失去其所有的意义"，因为其只着眼于都市中的上层阶级矫情沉迷的生活。左翼电影人士呼吁

"新英雄主义的影剧""能冲进民众,能掀起无数波澜,把反抗奋斗的精神,灌注到民众身上心中。用全副的精神,去和环境反抗……了解觉悟自己所受的苦闷与压抑……使懦弱而又糊涂的民众在生活上寻觅新的东西,痛快地生,痛快地死",他们主张文艺是大众的,为大众的,关于大众的。1933年2月,左翼电影人士进一步成立中国电影文化协会,声称电影"应把握着新的意识,以趋向新的观点,而完成它在这新的时代中的任务""艺术是宣传,而电影更是宣传的艺术"(《中国电影之路》,《明星月报》第1卷第1期,1933年5月)。所谓"新的意识"即指阶级斗争和无产阶级革命意识,而把电影认作"宣传的艺术",则完全把电影视为革命宣传的工具并牺牲电影的独立品格。在左翼电影人士的推动下,这一时期的中国无声电影刻意回避对有闲阶级生活的描写,而极力将农村生活的实景搬上银幕。但他们往往仅从概念出发,夸大阶级冲突和革命的主题,缺乏真实可信的细节,可谓注重"意识",忽视"技巧"。这既是他们的电影创作主张,也是他们的电影批评立场。由于左翼影评人士是当时上海各影评刊物的主要作者或主持者,他们事实上已成为一股左右影坛舆论的力量,结果导致许多"聪明的前进的从业者诸君,已深深地知道怎样的出品才是批评者不会指摘的"(《从意识的批判到技术的检讨》,《现代电影》创刊号,1933年)。

夏衍作为中国左翼电影运动的领导人,已经意识到左翼电影中偏激的革命情绪的弊端。他说:"革命与反革命的对描,富人与穷人生活的映照,在教育的意味上固然重要,但活泼的,更扩大的,向社会生活的各方面,摄制有关于社会的题材,给观众一种启示,一样地不可少""若果因为某一部电影里,没有工人以及前进青年的面影,没有穷富生活的对描,便无条件地否认这样事实的存在，抹煞它的教育意义，这对于整个电影文化的进展，是有着很大的妨碍的。在电影界从剧本作者一直到影评家，必须突破这局限于狭隘的题材的路"（《晨报·每日电影》，1933年5月25日）。左翼电影的简单化和意识形态化当然也受到其阵营之外的电影人士的批评与抵制。才华横溢的年轻导演蔡楚生曾这样批评左翼电影创作："自从1932年发生了电影内容的转变以后，对于剧中的主人翁，是有过不少的仅由于剧作者幻想的强调，使这些莫名其妙的主人翁成为革命战线中最前卫的人物，这种不合逻辑的蜕化，我以为是非常错误的而不敢同意的。而我一贯的创作态度，是把社会真实的情形不夸张也不蒙蔽地暴露出来，至于怎样解决的办法，则不加可否"（《影迷周报》第1卷第1期，1934年9月），他也反对把电影作为纯粹的政治宣传工具，他说："我们应注意描写的技巧。要知道一般的观众不是到学校里去上课，电影本身无力强迫观众接受种种的教训"（《中国电影何处去》，《电声电影周刊》第3卷第31期，1934年）。而在1933年，为抵制左翼电影，主张"艺术至上主义"电影理论的人士出版了《现代电影》月刊，认为左翼电影最大的毛病是"内容偏重主义"，犯了"技巧未成熟之前的内容过多症"，是"头重脚轻的畸形儿"。其代表人物刘呐鸥认为，"在一个艺术作品里，它的'怎样地描写着'的问题常常是比它的'描写着什么'的问题更重要的"（《中国电影描写的深度问题》，《现代电影》第3期，1933年）。1933年底，更有人提出"软性电影论"，认为"电影是软片，所以电影应该是软性的"，"电影是给眼睛吃的冰淇淋，是给心灵坐的沙发椅"，批评左翼电影"在表面上看来，都是革命性的，前进的，奋斗的，耸听而又夸大的……但是试看影片的内质，却都是空虚和贫血，勉强而浅薄。使人看后感觉喊口号的无谓,而且会使志在欣赏影艺的观众不再踊跃地跑进戏院去,去避免无端地受到过多所谓革命性影片的教训和鼓吹"(《硬性电影与软性电影》,《现代电影》第 1 卷第 6 期, 1933 年)。

为了警惕中国共产党领导下的左翼电影对民众进行革命和阶级斗争意识的灌输,中国国民党中央宣传部在 1932 年 6 月通令各影片公司"以后关于战争及革命性的影片,均在禁摄之列"。1933 年,国民党特务以恐怖手段威吓甚至捣毁拍摄左翼电影的影片公司。1934 年底,左翼电影创作基本上已退出影坛。而一批曾受日本入侵中国的"九·一八"枪声震醒的导演,为了影片的卖座,不得不重返商业化创作的老路。这时,中国无声电影也已步入其衰落时期。

四　双重的失语,多余的声音

20 世纪二三十年代,正是中国处于多重危机的时期:因传统文化的危机而有"新文化运动";因民族危机而有全民抗日;因政治危机而有国共两党的相互倾轧。稚弱喑哑的中国无声电影不得不被卷入危机四起的波涛而难以自持。它既要代思想文化的启蒙者"立言",又需为电影公司招徕观众,最后还不得不充当革命的吹鼓手。结果,中国无声电影不仅无法让剧中人在银幕上开口说话,而且也无法独立地表达电影自身的艺术语言。这是中国无声电影的双重失语。

当有声电影在 20 世纪 30 年代初兴起于中国之际,并没有得到中国电影界的热切认同,他们认为"现在的有声电影,却将安静和音乐都毁灭了",声音"将使声片无艺术性可言"(《中国电影阵容总检阅》,《中国电影年鉴》,1934 年)。拒斥

"声音"，渴望平静，这是中国无声电影在其迟暮之年的迟到但仍不失意义的省思。在默片时代，那些银幕之外的争论和主张，事实上已对中国无声电影构成噪声，这些噪声足以将电影的艺术语言淹没。只有拒绝噪声，中国无声电影方可找到确切的自我认同。

你未看此花时，此花与汝心同归于寂。你来看此花时，则此花颜色一时明白起来，便知此花不在你心外。

——王阳明《传习录》

从边缘到边缘

同许多同龄人相比,我的经历过于平淡。在福建沿海的偏僻小村里,我规矩地读书。从小学到博士毕业,十年"文革"与我无关,因为我没有资格参与其中。有意思的是,我的按部就班的生活,并没有使我摆脱"边缘人"的角色。

一

"边缘人"的角色或许是天定的。1964年,我出生在福建莆田沿海的孙厝村。莆田域内原为大片浅海滩涂,盛长一种叶狭长花细密的蒲草,经沧海桑田的变化,海水退去,蒲草滩成了"莆田",成了大陆的边缘一角。

再说"孙厝"。"厝"原为"安置"之意,在闽南方言里,"厝"泛指居屋,"孙厝"即孙姓人家的聚居地。可惜的是,不仅我不姓孙,而且孙厝村里没有一户孙姓人家(孙厝的邻村为戴厝,目前依然一色的戴姓)。很显然,我祖上是作为流民而暂居孙厝村的。

我父亲读过四书五经,又上过新式的师范学堂,毕业后服务社会执教两年,又考取设于泉州的海疆大学,适逢国民党从大陆撤退,"海大"迁往台湾。父亲是独子,不可能离乡离土,只好放弃此事。但上大学也因此成了他心中难消的情结,他似乎决定让我来"另起炉灶"。

在父亲的谋划下，1972年初春，我直接入小学二年级，其理由是大队培红小学一年级老师的水平太差，会把我"糟蹋"了。结果是导致我听课时不知所云，不得不逃学，交白卷，视上学为畏途，成了班里的差等生。

1978年秋开始，莆田的几所省重点中学公开向全县招生，那年我正好初中毕业，侥幸考上了城里的莆田第六中学。在班里，我的身份是"界外人"。

"界外"之名来自清初莆田的"迁界"政策。郑成功于1647年（清顺治四年）海上起兵抗清，至1661年，郑成功部控制了莆田沿海的南日、湄洲诸岛。清政府为剿灭郑部，于1662年下"截界"令，沿海核定新界线并筑界墙，每隔五里即筑一石寨，将沿海居民迁至"界"内，在"界外"实行坚壁清野政策。我的家乡正好位于坚壁清野区内，即城里人所谓的"界外"。在他们看来，"界外"意味着愚昧、落后、闭塞。我这个"界外人"自然不被班上的城里同学认同。

1981年秋，我从福建考入广东的中山大学哲学系。在文化心理上，广东是个对海外开放而对内地封闭的地区，广东人一概把来自粤方言区之外的人称为"北佬"或"北方人"，我作为"北佬"，无法加入粤方言的热闹合唱。我从家乡小城到广州这个现代大都市，"界外人"的身份并未改变过。

二

80年代中期，我终于有了一次从边缘突进中心的机会。

那时，"文化热"正在兴起，青年知识分子如孩童般加入了一场盛大的思想狂欢，毫无学理根据地把中西文化比较一番。所有的现实问题都被归结为中西文化的差异所致，大家一致地把目光对准中国人与西方人的区别,而根本无暇去分辨计较中国人之间的差异,我的"界外人"或"边缘人"的身份意识也就消失无踪了。在大学里,我每周三晚主持一次全校性的谈不上学术的讲座,热烈的辩论事实上是一种集体性的自我肯定和相互砥砺,确立青年知识分子的信念和对社会现实的责任意识乃至改革方案。我不仅不再是"边缘人",而且俨然成为主角。

80年代末的重大社会变故之后,大批青年知识分子改弦易辙,纷纷"下海"。而此时,我正忙于撰写博士毕业论文《儒道互补》,这也是一段难得的"看海的日子"。在熙熙攘攘的商潮声里,我又一次成了"边缘人"。不过,如果说此前的"边缘人"角色是出于无奈的认定的话,那么,这次则是出于自觉的担当。

中国知识分子自古就有"先天下之忧而忧"的参与社会现实的强烈意识,在紧要关头甚至直接走到社会运动的前列,扮演革命家或改革者的角色;而一旦革命或改革失败,要么遁入空门,要么流亡海外。这种情形的发生,其实都表明着中国社会一直没有给知识分子提供一种恰当的角色位置,或者说中国社会的日常运作尚不需要知识分子作为一个独立阶层的介入。用一句中性的话讲,此前的中国社会属于分工不明确、欠发达的前现代社会。前几年,《读书》上有一篇文章叫"百无一用是书生",其实不能怪书生无能,而应怪社会没有为书生提供用武之地。如果说书生在此前社会生活中"百无一用",那么书生在此后社会生活中一定会有"千有一用"的时候。这一时候就是在强大的经济力量的驱动下,畸形的意识形态受到消解,以分工合作为基础的工商社会成形之际。在一个正常成熟的工商社会里,知识分子需有充分的心理准备,选择做一个"边缘人"——既不是权力角逐的参与者,也不是工商活动的主宰者,而是只问诊病不问开列具体药方的为现代社会生活把脉察颜的医者。对现代知识分子来说,"不甘寂寞"比起"自甘边缘"要容易千万倍。

三

知识分子所处的"边缘"地带乃是险象环生的,时时都有可能被卷进热闹的旋涡之中而无知觉,这并不是因为知识分子的意志薄弱或操守不正,而是因为商业社会的运作机制具有强大的大众化的能力。如果把商业社会比喻成一副巨大的肠胃的话,那么,它随时都在分泌平庸,它的消化力是惊人的,神奇可以化为腐朽。知识分子对商业社会的平庸性所做的种种鲜明而尖锐的批评,也会被其"反围剿",包装"爆炒"成具有商业效应的应市行货。借用庄子的话讲,知识分子即使小心谨慎,为防不测而把"边缘"意识藏诸名山,那么,商业社会的巨大胃口也会把整座大山吞下去(足不出户、自甘边缘的钱钟书先生近年的"走红"即为明证)。

城市里热热闹闹的所谓"文化生活",不过是为了满足大众的官能性的娱乐消费,绝大多数传媒热衷于加入商业的狂欢节,它们打着"文明"的旗号,盯着大众的钱包,生产着"快餐""方便面",把大众变成"单向度"的人。站在宽容的立场上看,在商业社会里,传媒以商业获利为取向,只要其不生产精神垃圾,本亦无可厚非,只是知识分子要随时警惕被其利用,或者说被其剥削。

现代社会的人文知识分子需确立的职志,一是在各自的学术专业领域从事建设性的工作,为学术的积累做贡献;二是尽量地参与社会,向大众发言,有选择地利用传媒,把文明的价值取向传达给大众，在反文明取向的商业社会里，为大中国提供另一种观察、反思日常生活的立场、角度。

基于对身处商业社会的知识分子尴尬境况的认识和知识分子职志的自觉，在 1993 年 10 月，我与几位同仁（陈少明、单世联、李公明）一道，从闹市的中心悄悄地走到边缘，在只有经借贷得到的两万元资金的困境中，创办了《岭南文化时报》。庆幸的是，我们已坚持到了现在。在发刊词中，我们声称："办报是一种文化行为。但它又不是孤立的现象，许多本来应有的声音和颜色，都会在世俗生活的滚滚红尘面前变弱、变淡。为了达成'应该'的目标，不仅需要学养，更需要毅力与勇气。""面对大众传媒为主体的功利化文化洪流，我们想借这块小小的阵地，寻觅、团结更多的精神同道，联手对世纪末的庸俗化倾向作顽强的抗击。"

在许多局外人看来，我们似乎从一开始就扮演了一种可能注定要失败的悲壮角色，因为我们的对手——"滚滚红尘""功利化洪流"虽无形，但强大得无处不在、防不胜防。数字也许可以说明这一问题——我们辛辛苦苦在 3 年中出了 100 期，总共不过发行出 200 万份，而一份三流小报仅在一周内就可能在发行量上打败我们。对此，我们其实早有心理上的准备。

一开始，我个人就认定这是一种"边缘人"的事业，不想匡时济世、指点江山，只想对当代生活中的反文化现象做出应有的抵制和批判；更准确地说，我只是想努力做出与商业文化的霸权格局相抗衡的姿态，至于能否抗衡，那就另当别论了。"星星之火"不妨点上，"可以燎原"只是一种向往、一种期待。这也算是"边缘人"的"用砂煲慢火熬中药"的功夫吧。

作为一个"边缘人"，我不再认为城市是什么"文化中心"。城市是信息中心、消费中心、娱乐中心。我从农村来到城市，对农村存有一份抹不去的情感，我们的报纸也总把农村作为长期的关注对象，一再地呼吁知识分子不要受城市传媒的误导，把精力无端地耗费在对所谓"城市话题"的无聊争论上。城市作为"消费中心"，若身陷其中，知识分子的"精神食粮"就会被糟蹋殆尽而作为废物排泄到城市阴暗肮脏的下水道里。

每次我前往农村，都感觉是前往"充电"。而从农村回来，在汇入城市车流的那一刻，就有莫名的受挫感——我们所蜗居的城市，如一部加速器，我们只能身不由己地随之旋转。城市永远是小城市，而农村的天地依然广阔。我不拒绝城市的物质生活，也不主张知识分子应逃离城市，因为对农村而言，现代城市毕竟是个辐射的中心，城市里的人文知识分子应恪守职责，作为"边缘人"，在城市充当漂洗手和清洁工！

四

有一些简单朴素的信念在不断支持、鼓励着我的"边缘人"的工作。

从待启蒙的孩童至今，作为一个接受文明教育的学生，我单方向地只有汲纳没有回报地享用了先人的智慧、思想，尤其是当我意识到已故的文化大师们至今仍以其所创造的精细的文化成品滋养着我们今日的粗糙生活时，我的愧疚心理和感恩意识就会萦绕胸怀。假定社会的大环境暂不需要一种文化氛围的时候，我个人完全可以进行一种自给自足的文化精神消费活动。但是，当人类共有的文化资源沦为私人的精神财富的时候，那毕竟是文化传承者不尽责的表现。有能力、有资格、有机遇充当新一代文化大师的人，毕竟是极少数，对绝大多数现代人文知识分子来说，首先平实地去担起文化传承的任务，或许可以有效地回报先人，也可以弥补商业社会一方面在斥巨资去制造不伦不类的伪劣"文化新品"，另一方面又对既有的人类文化资源弃之不顾时所带给我们的遗憾。我的床头时时堆放着一些回忆、介绍二三十年代中国思想文化大师们言行作风的闲杂书籍，在看不到白日里错杂事相的深夜的灯光下，我沉静地翻阅着，缅怀他们的贡献，领会他们的境界，学习他们的为人，并想象着该如何去光大他们心向神往的思想信念，报答他们给予我的恩泽。

作为一个纯粹的物质上的消费者，我们所享用的一切器物都是自己无法单独生产制造出来的，不过，对此我并没有什么特别的愧疚。因为现代社会理应是一个分工合作的社会，任何人对社会所做的贡献都是特定的、有限的，没有高低贵贱之分，只有大与小或直接与间接之别。社会的总体进步是由分工合作所带来的，身为知识分子不能因社会角色从中心到边缘的变化而自贱，哪怕一时无法在社会生活中寻找到确切位置，也应该在心里树立分工社会里的知识分子的职业感。我丝毫不为目前所谓的"文化产业化"给某些文艺人员带来可观的经济收入而感到欢欣鼓舞，因为这是艺术商业化而不是艺术在商业社会里获得分工的结果，说得苛刻点，这些人没有权利慷慨地把一流的东西当作二三流的货色削价处理给市场。不过我并不把"市场"视为扼杀人文的利器，只是强调人文知识分子不要忙着对"市场"投去媚眼。我相信市场的成熟和全面发展，既会促进社会分工的深入细密，也会促进受众消费的多极化，这是确立多元化的现代社会的最牢固的基础。到那时，"市场"自会给所有出色的专业人士和地道的行当腾出一角空间来。哪怕我们依然处于"边缘"，但毕竟是得以安身立命的据点。

从"边缘"到"边缘"的道路并不是徒劳无望的西西弗斯式的故事，它只是一个阅历无奇的人试图从人语嘈杂的"中心"抽身而出，热心冷眼入世的一段努力。

（原载《1999独白》卷一，萌萌主编，上海远东出版社1998年版）

生于八十年代

——对作为一种校园生活状态的辩论的追忆

> 在黑白分明的时代中,奋斗的目标多么明确啊,力气、激情、目标明确——八十年代是理想主义风起云涌的时代。
> ——龙应台《八十年代这样走过》

在所谓的"新世纪"里,我一直不愿意使用"上个世纪八十年代"的遣词,因为这会让我觉得自己无端地与"八十年代"拉开了距离。于我及同龄者——出生于六十年代的人而言,"八十年代"绝非仅具时间纪年的意涵,她永远是我重温理想、积蓄激情的"根据地",更是六十年代人的青春与气质的萌生期。在"八十年代",我们这一代人的青春迟缓而生怯地发育,而最相宜的环境,莫过于大学校园,那是青草如斯、绿意仍然的康乐园。

一 "文化热"

我虽然早在八十年代初年即进入中山大学哲学系读书,但上述意义的"八十年代",事实上迟至八十年代中期方拉开帷幕。也许,其标志性事件当属四川人民出版社"走向未来丛书"的出版,我仍记得列为该丛书之首的是当年几乎人手一册的《物理学与东方神秘主义》。自此往后直至八十年代末,热烈讨论中国传统文化劣根性、比较中西文化特质以及文化救国论的期刊、书籍、电视节目林林总总,年轻学子在课堂、宿舍有关"文化"的辩诘也是激越难休,"文化热"如火山熔岩,流到哪里,哪里就硝烟顿起,火光一片。

后来者自是不解:在那样一个百事待举、衣食有虞的年代,人们何来讲谈文化的闲情逸致?在此,后来者真正没有理解到的倒是:八十年代的"文化热"既非高堂讲章,亦非炉边絮语,毋宁是人声鼎沸的前线号角。在八十年代,"文革"还只是近在昨日的往事,虽然全民直接参与政治的激情已如潮汐般在一夜间退息无踪,但中国的社会结构尚无根本改变,人们还沉迷于直接型的现实参与和整体性的社会改造方案,就像潮落之后必有潮涨一样,人们告别"文革"并不等于告别直接参与现实的激情,厌倦"阶级斗争社会动力说"也不等于厌倦整体性社会改造方案的魅力。稍稍不同的是,"文革"中人可以动用免费发放的领袖语录作为口诛笔伐各类贴着标签的"敌人"的工具,但时至八十年代,"敌人"的面目模糊难寻,并日渐消遁于"人民"的洪流中。不仅"敌人"逃逸,而且旧有的武器也威力不再。为重振战斗豪情,人们不妨虚拟假想敌,也不妨就近顺手抄起自家门后的扁担扫把。在此,"中国传统文化"再次当了一回冤大头,成为八十年代中国人人皆可喊打喊杀的假想敌。而进一层的奥秘在于,"中国传统文化"其实是被作为"替死鬼"——人们既缺乏直接参与现实,实现社会全面改造的渠道和机会,也欠缺相应的能力(新生代知识界缺乏起码的社会科学知识,无从开展社会制度层面的分析批判),既然屠龙乏术,那就找一个死无对证的"替死鬼",作一通夹杂义愤的激情发泄也罢。

如此反观二十年前的"文化热",不免引起某些过来人的不满,以为他们当初的言行被低估轻视甚至被玷污了,就像

"文革"中的某些过来人不满于后人全盘否弃"文革"一样。不过且慢,由直接型的现实参与和整体性的社会改造诉求驱动下的理想与激情虽然无效甚至荒唐,但唯因此类诉求正在当代中国社会的日渐淡出,方显由其蕴生的理想与激情的弥足珍贵——在西西弗斯一趟又一趟地把山顶滚落的巨石重新推向巅峰之际,市侩宵小嘲笑西西弗斯的徒劳,而志存高远者则看到了坚韧中的激情和山高人为峰的理想!

二 从演讲到"学术讲座"

在现代民族国家危难之际,知识青年走向街头,饱含激情唤醒民众,其剧场政治的效应至为强烈。这是在此前的电影中常看到的演讲画面。八十年代初,在党的各大媒体中,诸如"新长征""新时期""振兴中华""八十年代的新一代"等大概是出现频率最高的词语。而在大学校园,也竞相出现各类级别的、以上述时髦话语为主题的演讲比赛,有的系甚至把优胜者组织起来,深入工厂、军营作演讲表演;中山大学中文系的陈大海老师还适时地开设了全校性的"演讲学"选修课。是为"演讲热"。如果我没记错的话,八十年代中山大学举行的最后一届全校性的演讲比赛时间应是1986年9月下旬或10月上旬,也就是说,"文化热"的兴起及时地取代了"演讲热"。此貌似表面巧合,实乃存有内在依据。因为当年的演讲者与鹦鹉学舌并无二致,尽管慷慨激昂,但讲的都是口号式的豪言,除了"四人帮"就找不到别的敌人了,演讲者徒怀壮志,空泛表态,犹如朝天鸣炮。而"文化热"则完全是另一番景象,年轻的学子突然间发现了导致中国落后和妨碍中国现代化的"假想敌"——中国传统文化,大敌当前,兴奋难捺(1987年,《中大青年》某期扉页赫然写有"问苍茫大地，谁主沉浮"字样）。打个比方，如果说演讲是激发斗志的"养兵千日"，那么，参与"文化热"则称得上挺身前线的"用在一时"。而开"学术讲座"，便是"战斗"的开始。

　　从1986年9月秋季学期开始，在中山大学校园里出现了三个较成规模的以研究生为发起主体的面向全校学生的"学术系列讲座"，即"中国传统文化与现代化"学术系列讲座（中山大学研究生会主办）、"研究生学术系列讲座"（中山大学研究生学术中心主办）、"历史·现实·未来"学术系列讲座（哲学系研究生会主办），这三个学术系列讲座基本上都是每周各开一场，此外还间有各文科系研究生会零星开设的讲座，就是说，校园里每周都有三到四场"学术讲座"开锣。当时，不少本科生成了赶赴"学术讲座"的"专业户"和"追星族"，往往是下午放学时，匆忙拿出一册破书到当晚的"学术讲座"现场"霸位"。之所以把学术讲座四个字打引号，是因为这类讲座的主讲人都是清一色的在读研究生，他（她）们并不把学理性摆在首位，为了引发听众的掌声，不惜走极端，席间多偏激之词。名为讲谈中国传统文化，实乃落于对中国现实的关切。台上牵引，台下呼应，那种源于现场感召的壮怀激烈，相信是任何书本都无法给予的。但对听众来说，虽然他（她）身临其境，但至多只扮演了呐喊助威者的角色，既然无缘披甲上阵，自是期待战事愈演愈烈，以便把个人的情感更彻底地释放、投射到"战士"的身上。这就是紧接着的较具现场对抗性的"辩论热"的到来。

三　"辩论热"

　　今天，辩论赛更多地成了展示语言才华、知识储备和反应能力的活动，辩者的激情、理念已退居其次。但在八十年代，辩论赛即意味着宣泄激情和展示理念，光有"嘴皮子"功夫的人是得不到观众青睐的，有时甚至遭受"喝倒彩"。那时的辩论多偏向抽象、宏大的题目，如"中国传统文化弊多利少"（正方）、"传统文化是中国现代化的障碍"（正方）、"中国现代化必须选择'全盘西化'"（正方），等等。在一片反传统的语境和氛围中，对反方来说，这样的题目其实已没有多少辩论的余地了。抽到反方辩题，基本上意味着败北，只是硬着头皮陪辩罢了，因为对观众来说，正方的每一观点似乎都发自肺腑，似乎都击中了中国社会的要害，似乎都让每个人扬锁眉吐恶气，从而总是掌声如潮。这有点像五十年代初"土改"中的斗地主，反方（作为反面角色的"地主"）的在场乃是为了激发"革命群众"更强烈的义愤。当然，也有例外的结局出现，即如果正方实在是"扶不起的阿斗"，评委们为了维持最基本的公正，把票投给了反方。主持人宣布比赛结果，观众哗然，怒形于色，指责评委没水平。人们自然要说，设定舆情民意如此一边倒的辩题，明显有失公允。把这样的批评放在八十年代，其实是不合时宜的。因为八十年代观众想象和期待的辩论乃是动真情舞刀枪的实战，比不得痛下针砭仍不见血的"磨嘴皮""抖书袋"的语言游戏，只渴望解心中块垒于一时，哪顾及谦然礼貌下的公平公正公道？！

中山大学的"辩论热"兴于1986年冬，当时，文史哲法律等各系学生会分别组织了本系班际辩论赛，在校团委（尤其是时任副书记的刘惠祥老师）的组织下，又举行了多场全校性的辩论赛，特别值得一提的是有趣的组队和比赛规则，即各系的辩手可以打破系别，自由组合，三人成队，记得当时各路好汉经自由组合，扯起了十来队人马。然后围绕同一个辩题，在同一时间场合进行擂台式的大会战——第一场的优胜者继续留在台上（败者退下），接受另一支队伍登台交战，哪方胜，哪方便留在台上，如此往复，其激烈气氛可以想象。任何一支能征善战的队伍在轮番攻击下，也有马失前蹄的时候，这时，观众得以更深入更全面地了解到某一立场或观点，知道"山外有山"，观众的兴奋点也因此得到持续的刺激。18年过去了，但1986年阴冷冬季夜幕下，中区教学楼（惺亭东侧）101阶梯大课室里那写在脸庞上的青春、游于掌声间的激越、付诸词锋里的执着，仍然可以轻易让我回溯即便冰凉的如水时光，重归孕育我理想的康乐园。

此后，中山大学辩论队成立，挥师重镇武昌，斩北大，取南开，平武大，惜稍逊于华东师大，获"长江杯"全国大学生辩论赛季军，这是1987年早春的事。当时，坐镇指挥的刘惠祥老师（被中大辩论队的"家庭成员"尊称为"老爷"）每天都与校团委夏纪康书记通话，报告"前线"战况，而校团委也总在第一时间将每日战报贴到各饭堂门口，同学竞相祝捷。八十年代后期的中大学生，俨然已成一个紧密的社区共同体，而这个共同体的核心价值乃是千锤不灭、百炼犹存的青春理想。

四　一样的青春，一样的你和我

在"文化热""辩论热"炽盛之时，学识渊博、阅历丰富的历史系教授姜伯勤先生悄悄地劝告我："中国问题的解决，需要文火煲中药的功夫。"尔后，我似乎有所领悟，于是在"历史·现实·未来"系列学术讲座的最后一期海报上，我写下这样的话："历史的门槛高高低低/未来瘦瘦细细/正在门外列队而待。"由此往后，我试图遵循"文火煲中药"的忠告。

我体会到了"文火"的可贵,但一样重要的是,生于八十年代康乐园的作为生命状态的青春理想,仍让我受用不尽。如果把青春理想比喻为一柱烈焰,那么在今天,它并没有被狂风吞灭,毋宁是这柱烈焰直面了多少无名莫测的寒意,方有"文火"与人生日用常相伴随。20年后,尽管曾经同学年少的你我改了音容,白了双鬓,但其实,仍然是一样的青春,一样的你和我。

(原刊《中山大学校友》2010年第1期)

关于我们这一代人

孔子说:"三十而立。""我们这一代人"大都属"而立"之年。照我对孔子的理解,这个"立"的含义,并非时人所谓的"建功立业",而是指确立责任、订立规矩,这也是儒家视野里的"成人"标志。"我们这一代人"的责任和规矩是什么?与上一个"学术代"相比,"我们这一代"又有什么特点?

上一个"学术代"指的是 80 年代文化热中的风云人物,他们不一定是生于 50 年代的学人,也可能是生于 40 年代的学人。他们的成长经历大抵相同,即十年"文革"正好是他们勃动的青春期,与挫折磨难相伴随的对社会问题的一系列深沉思考,需要表述与抒发。1977 年恢复高考之后,他们中的精英,是带着上述思考跨进大学校门的,他们的学术活动带有明显的"经世致用"的烙印。80 年代的中国社会,涌动着不断高涨的改革热潮,知识精英们大都选择文化激进主义的策略,把激情诉诸对传统文化的批判,在此,学术活动的背后寄寓着救世热情。他们借助于学术,试图对各种社会问题都发表看法。

生于 60 年代的学人成长经历简单,更倾向于把学术活动确立为一种中性的职业活动,由生于 60 年代的学人操办的《原学》,即清楚地反映了这一点。另外,与上一代学人积极引进西学相比,生于 60 年代学人愿意更多地关注中国自身的问题,关注国学,企图与 1949 年以前的国学大师们接上联系,缅怀"旧人旧事"。所以,与现当代西方思想家传记在 80 年代红极一时相对的是国学大师的传记在 90 年代争相传阅的盛况。我把生于 60 年代学人的这一进取方向视为他们欲在 90 年代寻找自身角色位置的努力。在大批同龄人"下海"经商并非想象中顺利的遭遇下，在中国社会的分工日益细密发达的趋势下，生于 60 年代学人自然必须考虑"我应该做什么"和"我能做什么"的问题。加上中国社会的逐步正常发展，那些被狂热政治运动的油彩所遮蔽的、被重大社会变故的波澜所淹没的而在正常的社会运作过程中又必然要显示出来的社会问题，便纷纷凸现于这一年代学人面前，这是"我们这一代人"不由自主地回到中国、关注中国自身社会问题的客观原因。所以，生于 60 年代学人并非"两耳不闻窗外事"，准确地说，生于 60 年代学人是把"窗外事"拿到"窗内"来，以社会科学的立场、知识，对中国社会问题进行分析、揭示，既无笔底波澜，亦非语中惊雷，但其意见或观点，可能更具建设性。

生于 60 年代学人可能一直在充当着"边缘人"的角色，这也许是"我们"的共同经验。

影响中国一代人命运的十年"文革"，"我们"与之擦肩而过，至多只保留些许依稀印象，谈不上是"见证者"，更无资格参与，属于"门外"瞧热闹的看客。

盛极一时的 80 年代"文化热"期间，"我们"可能还在读书或刚刚跨出校门。凭"我们"当时的学识，无力成为"文化热"中的核心人物，但受当时风气的感染，亦曾如孩童般加入这场盛大的思想狂欢运动，大而无当、毫无学理根据地把中西文化比较一番。上前台，"我们"轮不到，只好在幕后随着鼓点起哄，私下的热烈辩论，事实上是一种集体性的自我肯定和相互砥砺，确立"我们"的信念和对社会现实的责任意识。"我们"事实上是一帮身处边缘而又不甘边缘的人。

生于60年代学人并无明显的受挫经历，"我们"并无索回青春的要求，从而多了一种"从我做起"的决心；并无抨击不公的愤慨，从而多了一份"回报"的信念。

许多人以为生于60年代学人是幸运的一代，因为我们都是从校门到校门，学业没有被人为地中断过，接受了完整的学术训练。但在我看来，生于60年代学人在大学期间所接受的教育，依然属于"先天不足"。

生于60年代学人基本上都在80年代里完成大学学业（本科），而80年代大学的课程设置、师资、教科书，都存在许多缺陷。就人文学科言，其教科书大多编写于70年代末或60年代初，框架体例是苏联式的，内容则倾"左"；在师资上，新中国成立前完成学业的老教授极少开课，大多数的任课教师为"文革"前完成学业或"文革"期间的工农兵学员。大多数人的国学及西学水平都很成问题，较少有令"我们"满意的教师。

作为一种补偿，"我们"只好贪婪阅读在80年代新鲜出炉的有关西学的著作，对西学并不准确的介绍以及以西学随意分析中国社会的一系列新书，不知令多少人沉迷过。

由此产生的问题是：当生于60年代学人独立走上学术道路后，得回过头来认真清算被"左"化和极端西化双重污染的知识体系，"我们"得拨开迷雾，学会重新发现真正的学术问题，学会建立学术规范，学会用自己的语言说话。"左"化可能不再对"我们"构成威胁，但西化的阴影并不轻易可挥斥。我并非主张拒绝接受来自西方的社会理论或哲学思想，但反对用西学来遮蔽中国的社会科学家在面对中国社会问题时应具备的视野。

清算受双重污染的知识体系是件紧要的事，不然许多人在真正面对中国问题时，就会得"失语症"。前些日子某些人为争夺回"话语权"，鼓噪"后现代"（可以"争后恐先"来形容），乃为"失语恐惧症"的表现。1995年，《岭南文化时报》约请上海学者朱学勤先生为"精英观察"专栏写稿，学勤在来信中特别要求把"精英观察"改为"观察精英"，他的文章的题目是"常识与记忆"，希望精英们多一些中国问题的常识，而不要光站在"西方云朵"上飘移。后来，海南的鲁萌在给我的电话里传达了类似的信息，说是她在邀约国内的某些著名学者撰写《1999独白》时，发现他们一旦离开了平时热衷的西学话题后，就不懂得如何说话，结果令她大失所望。

在没有发生重大社会变故，尤其是在知识和信息的传播日益突破时空限制而为社会各阶层、各年龄段的人共享的今天，若以10年为一个学术代，来谈论生于60年代学人与生于50年代或生于70年代学人的差异，的确有点勉强。不过，近20年来中国社会发展的特殊进程，使生于60年代学人与前后两代人之间多少存在一些差异。

若从以上角度来把握生于60年代学人的话，他们显然欠缺生于50年代学人在"大风大浪"中融入个人经历的对人生独特的感悟和思考，而与成长于平淡无奇、充满世俗气的90年代大学校园里、然后又顺理成章地拥抱甜腻肥足的当下生活的生于70年代学人相比，生于60年代学人无疑多了一份青春期的浪漫情怀和理想信念。由此，生于60年代学人可能在无意中或无奈下与世俗妥协了，但面对物欲高涨、经济利益至上原则君临社会生活各个领域的今天，生于60年代学人尚可能有闲情余力做出某种抵制的姿态。

要说"××代人"的话，生于60年代学人倒真的可以自成一统。

生于60年代学人对"文革"略知一二,但并无狂热卷入;无"上山下乡"的波折,已有的人生经历基本上是从校门到校门然后再步入社会;中国社会酝酿巨大变革及思想界发生激烈交锋的80年代,正好是生于60年代学人最为关键的青春期,它培育了生于60年代学人的敏感和激情;而80年代,又使大部分刚离开校门不久的生于60年代学人旋即承受巨大的心理落差,无奈之下成了"下海"潮中的主角,大部分人略具反叛色彩地认同了世俗的价值取向。潮起潮落之后,生于60年代学人依然认定"江山代有才人出",这是因为每个时期都会有一些新的问题需要一批新人去认真面对。当中国社会的正常问题显现在"我们这一代人"面前时,我希望它能造就一批地道的中国社会科学家,而这有赖于从生于60年代学人开始的集体自觉。

(原载"生于六十年代学人批评文丛"之一《本土情怀》序言,上海远东出版社1996年)

抵制一元化的姿态

一 重提"法西斯主义"

纳粹法西斯统治的时代已经过去了,但一般人内心里的"法西斯主义"(Fascism)情结并非随之消失无踪。按奥地利心理分析大师威尔海姆·赖希(Wilhem Reich)的说法,任何一个人在其性格结构上都具有"法西斯主义"的情感和思想因素,它渗透到人类社会的所有民族的机体中,而"法西斯主义"的精神,乃是"小人"的精神——渴望权威、渴望被奴役。

之所以重提"法西斯主义",是因为当我面对着大众放弃思考、丧失判断能力地狂热认同、拥抱流行文化所制造的一系列虚伪符号和标识过程中所表现出的令人震惊的非理性行为时,只能以他们内心深处的"法西斯主义"情结在作祟来解释。

随着开放的世俗社会的形成,传统意识形态的统制力日渐削弱,多元文化观念并存的合法性得到进一步确立,自由思想的空间扩大了。但文化的独断专制是出现于任何一种社会结构在其运作过程中的必然现象,因为社会成员在其人性深处都愿意逃避自由、推卸责任而接受直接或间接的、程度不一的思想统制。"左倾"教条朝代的结束本来使大众脱下了"枷锁",但在流行文化无节制泛滥的今天,大众又心甘情愿地钻进了"牢笼"。这个"牢笼"貌似自由民主——爱怎么玩怎么闹都行,而要命的是大众已经有了根深蒂固的预设认识，即凡是流行的都是理所当然乐此不疲去追逐的，此从根本上扼制了大众在世俗生活中所应享有的自由，他们义无反顾地葬送了自由选择、自由鉴赏、自由想象的可能性和机会。这是人类精神进化和文明发展的严重阻滞。

我并不笼统地排斥流行文化，但我坚决抵制它在大众精神空间中的一元化趋势和霸权地位。人文知识分子们应努力负起责任，用我们的创造性工作，切实抵制流行文化的一元化和霸权，重新建立多元化的精神空间和文化格局，促进并从事精神世界的所有探索、历险活动。

二　与流行文化交手

现代传媒的发达，并没有相应地给人文知识分子留下一块向社会发言的阵地。商业利益至高无上的社会生活氛围，使人文知识分子的处境越来越边缘化，其本来应有的声音，在世俗生活的滚滚红尘面前逐渐变弱。更不用说某些人文知识分子被商业机制收容、整合、改编而放弃了自身的立场，或者热衷于意淫式的自言自语、党同伐异。在此，我从内心里认同著名地理学家陈正祥教授的一句话——"叹息这一代游离'知识分子'普遍的懵懂、无耻及低能"。

或许是不满于人文知识分子的整体处境和自我感受，1993年10月，我与其他三位同人（单世联、陈少明、李公明）一道，克服了种种困难，在广州这座南国商业大都会里创办了《岭南文化时报》（下文简称《时报》），我们在"发刊词"里宣称："由青年学子创办的这份报纸，是一块新开垦的精神园地。面对以大众传媒为主体的功利化文化洪流，我们想借这块小小的阵地，寻觅、团结更多的精神同道，联手对世纪末的庸俗化倾向作顽强的抗击。在这里，真理、理想之类日益被淡忘的价值观念，公正、客观之类渐趋逸失的新闻立场，将得到应有的重视。"我们从开始就是抱着身体力行、"从我做起"的态度；不求"星火燎原"，只求我们的"星火"可占据天空一隅，以醒示人们文化多元空间存在的可能。

近4年来，《时报》对当今社会文化生活一直持建设性的批评立场，把我们对流行文化的冷静反思和谨慎批评传达给社会大众。其中"本报编辑部"（社论）"精英观察""反调俱乐部""一言堂""明星班点"等专栏，可以说是直接与流行文化交手的阵地。通过这些专栏，我们联络相当的人文知识分子，感受到了彼此之间的整体力量和阶层意识，这与抵制流行文化相比，应该是同等重要的一件事。

人文知识分子不可随意夸大自己的作用，也不可轻易放弃自己的责任意识。相应于前者，我们须防止自身可能在无意中流露了的"法西斯主义"倾向，须首先尊重其他人的生存方式，这才有利于多元世界的构造；相应于后者，我们须认识到自身有限努力的价值所在，我们所营建的精神空间哪怕狭小，但毕竟是多元中的一元，毕竟是可以为世俗生活提供参照，毕竟可以为大众提供一片想象的余地。许多人惊异于《时报》多年来一贯的批评立场，也有许多人把《时报》当作世俗化洪流中的怪物，对此，我们已心领神会并心满意足了。

三　阐释本土文化

流行文化的一元化，把大众日益塑造成"单向度的人"——精神空间偏狭、历史意识淡薄、个性萎缩，生活于社会里的"大众"(mass),犹如流水线上千篇一律、标准化的、可以大批量复制的产品。阐释本土文化,就是企图唤醒沉淀于大众内心深处的历史文化意识,开掘流淌于"人伦日用"间的文化活流,以便有助于塑造大众的个性,对流行文化的霸权地位做出挑战与抵制。

流行文化的猖獗与本土文化的萎缩是互为因果的,而我对本土文化的关注首先是有感于其在流行文化重兵压境下节节败退的事实。当然,我这种关注也有不断自觉的过程。

20世纪80年代末90年代初,台湾漫画家蔡志忠把中国典籍漫画化的一系列"小人书"风靡大陆,之后更有许多主观随意乃至歪曲的"白话××经"出笼,这些貌似弘扬传播传统本土文化的举措,事实上透露出一个令人伤感的强烈信息,即传统本土文化在向大众流行文化称臣,它的内容的简易实用、制作的"快餐化"及娱人的目的,无不显现大众流行文化的痕迹。

"小人书"的畅销,反映了这个时代精神资源的贫乏和大众文化素质的平庸。当我感到大众以一种近乎麻木的态度对待传统本土文化时,我想,与其拿着铁锈的钥匙打开宫门,搬出奇珍异玩在街头杂耍逗乐,不如随手在民居私宅中拣起一些家什,拍拍灰尘,擦擦污迹,显示其本然色泽,并把其不平凡的来由告知屋主,让他好自珍惜。于是,我尝试着通过一系列大众耳熟能详、日常习用的词语,揭示其背后深厚的文化蕴含,让大众感受到传统本土文化和活流,唤回大众对本土文化的亲爱。

从1993年起,我陆陆续续写了近50条日常用语,如"出生入死""通情达理""随时""因为""放心""性质""推理"等,这种词条都是儒家和道家的基本用语或基本精神,在阐释时也都严格依照儒道学说的本意，深入浅出地漫谈。后来冠以总标题"洗涤语词"，部分发表在《广州日报》的专栏上，并收进《穿越斑马线》一书中。

上一部分已说过，在一般读者心目中，《岭南文化时报》似一份先锋激越的同人报，他们往往不理解何以在第二版辟出大半版篇幅介绍鲜活的岭南本土文化（"岭南物语"专版），其实，该版块与直接批评流行文化的其他版面在指向上是一致的，即抵制流行文化的一元化。"岭南物语"上有一个受读者欢迎的专栏，叫"粤人嘴脸"，次年广东人民出版社把该专栏的文章结集出版为《粤人众生相》一书，我在此书"序言"里说明："本集子文章的努力之处在于：对粤人日常生活中的细微情景的评述，展现地域文化的特色，激发日趋枯竭的地域文化资源，从而对以浅薄而又强烈的官能享受为目的的大众流行文化做出抵制的姿态，为日趋都市化、单一化的粤地，作些景观点缀。"

如果说上述的努力带有顺便的话，那么，我曾认真对待的问题是：如何对中国传统哲学进行有效的本土阐释，使之成为当代中国人精神世界的生动资源。

1992年，我在撰写《儒道互补》一书的"后记"时写道："本书使用一些具'中国特色'的表述，如'通道说''明镜说''天成秩序''因为'等，这也许在无意中呼应了人文学科的'本土化'运动。"想不到当初的"无意"变成了现在的"自觉"，这种"自觉"的意念，完全是个人化的，我并不想提倡或号召什么"本土化"运动，因为中国传统哲学毕竟也极需要有人作现代性的阐述，以期与西方哲学对话交流，推进中国传统哲学的现代转换，成为人类的共同精神资源。不过，如上所述，人文知识分子应该认识到个人工作的有限性或局部意义，我所欲努力的所谓"本土阐释"不过是为了方便于当代中国人对待传统智慧的顺当接受。

以唯物、唯心的阵营划分和"自然观""认识论""历史观"的机械剪裁去对待丰富的中国传统哲学，早已被学界公认为是荒唐的"研究"方法，但我们是否也应该意识到，用西方哲学的概念作为打开中国传统哲学宝库的钥匙不也会导致中国传统哲学的失真吗？当然对这一问题不能绝对化，因为我们日常的大量用语都是近代从西方输入的，我不是说不能借用西方哲学的某些概念，而只是强调建立中国传统哲学自身的阐释框架和系列关键概念，这样既可以防止中国传统哲学在被阐释过程中的失真，也会更契合中国人的情怀。譬如，在中国传统哲学里，"大全"之体蕴含万物，但具体物之间并不发生联系，而是每一具体物直接与"大全"发生联系。这一情形，就远不是"现象"与"本质"、"局部"与"整体"等西方哲学概念所能说明，而与中国人的"牵一发动全身"的意念倒是相吻合。我个人极希望从有系统地提炼、概括中国传统哲学的关键概念开始，来一次观念上的沐浴清洗，荡涤"西化"的沉积，审慎地使用概念，在多年的努力之后，写出一部同样可有效传播的便于进入公共文化精神空间的简明地道的中国哲学史，而非虽是中国人撰写但以西方哲学理念观照的中国哲学史。

四　关注中国农村

1995年初夏，在霍英东基金会的资助下，我与另一位办报同人（单世联）一道，前往地处珠江三角洲的番禺南沙农村，进行为期近半年的题为"经济发展与农村人文环境变迁"的系列调查。此行的目的本是为了感受、接触、记录中国农村的传统人文资源,但是结果却令我大为失望:在经济发达的当代农村,充斥着都市里单一化、平面化的生活方式,传统人文资源已经被商业机制榨干殆尽,农村已远非我等儿时印象。如在都市生活方式的指导下,为填满都市化的消费欲望而需要的大量物质资源供给将严重超过资源再生的极限,使"可持续发展"成为一句空话。而事实上,都市化的消费欲望有许多是虚拟的,也就是说,如果没有精美动人广告的引诱,它根本就不是人在生存过程中的真实需要。这种虚拟的消费欲望,从一个大国的可持续发展角度而言,是应该有步骤地加以阶段性限制的;又如,哪怕在完全法治的环境里,对中国广大农村来说,道德规范约束仍不失为社会控制的重要一环,而农村基层生活共同体的疏散瓦解,使道德约束无疾而终自行消亡;再如,农村民俗活动的式微,带来农民自娱活动的扩张,在素质低下、法制观念淡薄的农民那里,自娱活动难免沦为越轨行为。

重建农村生活形态从大处讲,关乎国计民生;从小处讲,关乎人文发达。农村在生活形态上的都市化,必然是以抛弃传统人文资源为代价的。作为人文知识分子,我自然不愿看到这种结局,不愿看到将导致人类精神进化阻滞的流行文化扫荡中国的每一角落,形成坚不可摧的一元化统治。正在此意义上,我理解梁漱溟先生致力再三的"乡村建设"运动,理解上世纪三四十年代大批留洋归国的有为社会学家何以热衷于农村调查和社区研究。

现在的人文知识分子在喧嚣的商业大都会里其实成了"边缘人",再次面临角色难寻的尴尬境地,是否也应该再到农村去?是否不要认定城市才是自己的应当天地和舞台?吴文藻先生在1935年曾说,知识分子开展社区研究,"虽不能直接帮助问题的解决,至少可以促进问题的正当认识,暗示解决的正当途径"。重建农村生活形态,需要部分人文知识分子深入农村调查研究,其所产生的作用即在于此。

退一步说,中国当代农村正遭遇数千年来空前未有的大变局,今天的变故比起"五四"新文化运动期间尤烈,从抢救本土文化资源的角度言,也需要我们及时去观察、记录、整理,需要我们及时去采问风俗,为后人留下本土文化的第一手材料。

农村是传统本土文化得以延续的庞大根系所在,关注农村,重建农村生活形态,与我们每个人的精神生活的多元化实有千丝万缕的联系。

不管是苦撑办报,对中国传统文化谨慎地尝试本土化阐释,还是呼吁关注当代农村,我都只不过是做出抵制流行文化一元化的姿态。如大儒孟子所言:"君子引而不发,跃如也。中道而立,能者从之。"

(原载《开放时代》杂志 1998 年五、六月号)

【访谈】吴重庆：行动力量

> 与单纯的书斋相比，我更倾向做一个行动色彩浓厚的知识分子，重返农村。每次我从农村回来，在汇入城市洪流的那一刻，就有莫名的受挫感——我们所蜗居的城市，如一部加速器，我们只能身不由己地随之旋转。城市永远是小城市，而农村的天地依然广阔。
>
> ——吴重庆《从边缘到边缘》

问：《开放时代》的封二经常会有你拍摄的小村庄和你对这个村庄的认识，你是怎么找到它们的？

吴：经常听周边的人介绍某个地方有一个什么样的村庄，我会留心把它们记下来，再找机会去看看。

问：你的目的是……

吴：我的目的是想和底层的民众有更多的接触。因为除了接触书本和所谓名人的东西外，我们在城市里所能感受到的打动人心的东西不多了，但是底层一些民众对信念的执着却很能打动人。

问：这和你的研究方向是否契合？

吴：我研究的是农村问题，但我其实并不关心农村经济怎么发展。你可以说我们的城市生活很现代化，但事实上它也很一元化，单调，模式化，如果你不那样生活，会有人说你落后、边缘，但到农村去你会发现，所谓标准化的生活之外，还有各种生活形态，非常多元。不同生活情境、不同处境下的人们都有自足和相对独立的一面，他们并不觉得苦，反而很充实。

问：是一些什么样的事情曾经打动过你？

吴：都是很小的事情。比如广东清远的白湾村，地处石灰岩区，是一个非常贫困的村，基本温饱都没有解决，但是这个村的70%以上的村民都信仰基督教，他们每周都非常认真地做礼拜，很多年轻人也在申请接受洗礼，和他们聊天，你会感觉他们对生活有着相当独立的看法，他们过着有信仰的充实的生活，他们会说城市人可以对我们做物质上的扶贫，但是你们城市人其实在精神上也应该接受扶贫。村里老牧师说，这个村子里到城市打工的打工仔、打工妹还时不时写信回来，和他交流。

再比如，我在江西赣州街头看到一个代人写信的老人，写一封信以前四五毛钱，现在1块钱，一个月大概挣20多块钱，老人觉得这是额外收入，加上政府的一点补助，生活也够用了，还能帮人做点事情，挺有意义的。

我们从细微的人和事上可以体会到，每个人对这个社会都可以尽到一点责任、做一些贡献。我们在城市里生活，这些念头实际上都很淡漠了。

还有一次去到福建长汀，见到一个祖传雕刻神像的人，手艺高超，订制神像的人很多，他已经忙不过来了，我说你是不是可以扩大再生产，到城市里去做啊，他说那样太操劳了，我就这样慢慢雕，慢慢刻，一刀一锤，自得其乐。

当时在白湾听他们唱诗，我很感动，他们这样唱：他的年月如草一样，他发狂如野地的花。你很难想象这是他们在唱。

问：你自己对城市生活是很排斥的，这和你的经历有关吗？
吴：我的家就在福建莆田农村。我读高中以前基本没有离开过这个村，整个农村的生活背景对我来说犹如底版，到今天为止，内心的乡土情结还是比较难解开的。我每年回家乡都要做一个详细的调查，一个专题的、小范围的调查，之后我想把它写成一本书。

问：关注农村应该是你近几年才开始的，除了乡土情结外，有没有更深层的原因？
吴：我原来学的专业是中国古代哲学史，我所看到和理解的古代人的精神世界都来自典籍，可以说全部是精英文化，但是现实中的生活状态甚至乡野小说中所描绘的生活和典籍是不尽相同的，这促使我去关注精英文化之外，中国人真正的精神生活是什么样的。

问：你做农村调查是从哪一年开始的？
吴：最早是在1995年，一个偶然的机会，去番禺农村做一个题为"经济发展与农村人文环境变迁"的系列调查，调查报告无意中刊登出来，竟然被《新华文摘》全文转载。真正做农村研究是从1998年开始的。

问：农村研究的项目是不是社科院的立项研究？
吴：所有这些农村研究我都没有去拿什么项目，全部是自己在做，也没有向上级单位要过经费。我已经不会去考虑学术界了，有的人做学术研究不排除名利的诱惑，我现在不会，我不会按流行的评价标准和模式去做，所以写出来的东西也许有些野路子。

　　我自己有志于写一本小说体的书，将一个村庄的生活、组织结构、人物活动描绘其中，这要慢慢积累，机缘还没到。如果这本书写成了，就可以有个交代了。这个书是有蓝本的，就是林耀华的《金翼》，正是这本书奠定了林耀华在国际学术界的地位。书中所写的村庄就是林耀华的家乡。我在读研究生的时候看到这本书，当时只是很喜欢读，读了两三遍。

问：不过今天看来它并不像一本学术专著。

吴：这也是无心插柳，林耀华在写这本书的时候根本不知道这本书将来会给他带来什么，当时因为夫人生病，他在照顾她时开始回忆家乡生活，当然他的深厚的社会学、人类学知识背景增强了对家乡生活的理解，所以这本书非常出色。包括费孝通的成名作《江村经济》，写的也是自己的家乡。他们都是在非常无意的状态下写出来的，所以如果太有意去写，恐怕还写不出来呢。

　　如果说我还想写一本正儿八经的所谓的学术专著的话，我想写《海陆丰农民运动研究》，我想尽可能地还原到当时的细节上，注重它的可读性。人们对海陆丰农民运动关注很少，但它其实有着典型意义。彭湃的农民运动是开展得最早的，而且方式激进，对20世纪中国的影响很大。身处社会最底层的人能够通过农民运动走到社会前台上去，是值得总结的。写这本书也有一个参照的蓝本，就是美国哈佛大学费正清研究中心的主任孔飞力写的《叫魂》，这本书非常有意思，说的是1768年时的"叫魂"事件，谣言怎么传播，上面怎么反应，以及皇帝怎么垄断信息等描述得很具体。

问：相对于《叫魂》，《海陆丰农民运动研究》的现实意义在哪里呢？

吴：一定要问意义，当然是有的啦，我们可以看到社会底层是动用哪些方式、通过哪些渠道将分散的人群有效动员和组织起来的，他们怎么整合而后逐渐走到社会的舞台上去的。如果将这个案例剖析清楚，对我们理解20世纪后半叶的中国会很有帮助。比如整个"文化大革命"的发动过程都是采取政治动员的方式。

问：除了你自己对农村的兴趣之外，听说你也在做一些政府项目？

吴：做农村研究我想有两个方面，像我写《孙村的路》这样的东西，完全是个人的兴趣，对社会也没有什么直接的作用。再一个呢，做农村研究毕竟有更多的机会和底层的农民接触，可能会获得独特、具体的信息，正好趁这个机会也对农民做些具体的事情。因为农民毕竟是个比较弱势的群体，没什么人去关注他们。城市里的传媒整天炒来炒去有多少事和农民有关系？农民生老病死、痛苦不堪甚至活不下去，根本就没人知道他们，他们差不多处在自生自灭状态。那么你如果有机会了解到什么问题，也应该做一些反映，为他们做一些切实的事情。但是靠个人的力量去帮助别人，首先你个人的力量有限，其次你所能帮助的范围也很有限，我有时下乡也经常下意识地给老人一点钱，但是自己知道这根本就解决不了什么问题。要真正去寻求对他们的帮助，还是要靠政府制定政策，这样受益面才广，受益的时间才持久。所以我最近也在做一些比较有现实意义的调查。比如，现在在做一个扶贫调查，主要是深入贫困地区了解一下现状，看现在的许多扶贫策略需要怎样调整。

问：你做过一个关于农村基层选举的调查，据说提出了非常有创意的建议，简单地说就是将村长和村支书合二为一进行选举，具体内容是怎样的？

吴：你说的是《关于我省村委会直选和村民自治工作的问题与

建议》，我们主要在广东省跑了两个多月，报告出来也引起了一些人的注意。

　　现在很多人认为村委会选举是农民的一种广泛的民主参与和民主实践，但是我不这样看，我觉得农民之间最重要的是要形成一种自我组织的能力，因为现在的农民是很分散的，大家只关注到个人利益，打工的出去打工了，农事也没人去做，他们相互间的组织意识和组织能力很低，完全处于孤立无援的生存状态，面对贪官的盘剥基本没有抵抗的能力。一个人你怎么去面对一个权力系统中的贪官呀？所以起码我个人认为农民应该提高自我组织的能力，怎么提高呢？那就要允许民间社会的空间大一些，民间组合要允许它存在，包括家族的框架，这都是可以拿出来讨论的。过去民间有代理人叫乡绅，现在这种人没有了，农村中稍微有文化的人都到城市里去了，哪怕发了财的人也都到城镇去生活了，青壮年都出去打工了，只剩下妇女儿童、老弱病残待在村里。所以农民的自我组织能力没有的话，你就是让他自治，他也自治不起来。个人的孤单会影响到民主的绩效，就是说政治参与的效能会很低。我们指着他们说太落后啦、素质太低了，所以他们的民主意识很差，我觉得根本不是这样的。主要还是因为农民太势单力薄了，你叫他怎么去体现民主能力呀？

问：你住在城市边缘，又关注农村，城市对你没有吸引力吗？

吴：我平时对城市里的热点问题不太关心，你到城市之外的地方去的话，感觉比城市问题更深重的事情不知道有多少呢，我们为什么不花点时间花点精力去关注一下呢？我原来有个比喻，说如果知识分子把太多的精力耗费到对城市话题的无聊争论上的话，我们的知识或者文化就会被糟蹋殆尽，作为废料排泄到城市阴暗肮脏的下水道里。
问：但是中国最热点的问题在于经济发展，而经济发展最重要的体现在城市，你认为人文精神的力量大，还是经济发展带给人的变化大？
吴：那当然是经济的力量大，因为它激发的是人的本能，本能的力量是力大无比的。但是我们是不是要走城市化的道路，还是可以讨论的。
问：你一直称自己是边缘人，边缘指什么？
吴：从我出生的孙村开始，那里没有一户孙姓人家，我的祖上是作为边缘人——流民而暂居孙村的。到了中山大学，我是"北佬"，无法加入粤方言的热闹合唱。20世纪80年代中期我似乎有了一次从边缘突进中心的机会，当时"文化热"兴起，青年知识分子统统加入了一场盛大的思想狂欢，毫无学理根据地把中西文化比较一番，所有现实问题都被归结为中西文化的差异导致的，中国人之间的差异就被搁置起来，那时的我不仅不再是"边缘人"，而且俨然成为社会生活的主角，主持讲座、主编刊物，天天"问苍茫大地谁主沉浮"。
问：怎么后来又成了"边缘人"？
吴：进入90年代以后，大批知识分子都改弦易辙"下海"去了，我当时忙于写博士论文《儒道互补》，在熙熙攘攘的潮声里潜心读孔孟，过了那段难得的"看海的日子"，又成了边缘人。
问：这种落差你怎么适应的？
吴：大学前后我的心态有明显变化，最初激进、演讲、写文章指点江山的时候，以为社会是靠一篇文章就可以改变的。1991年博士毕业后心态就有所调整，意识到一个人在当代生活中的社会影响力是非常有限的，当时我就引用我们 80 年代的一个口号，叫"从现在做起，从我做起"，从小事做起，你能影响到多少就算多少，你对这个社会有多少促进就算多少，不求更多的东西。所以我意识到最重要的是行动，后来我们就办了《岭南文化时报》。这个过程是很艰难的，一点一滴，一步一步，看着它慢慢变大。我记得临毕业时有个老师给我说，中国的社会问题是动不了手术的，你得有用"沙煲慢火熬中药"的功夫才行。毕业后我慢慢品味到了。

问：《岭南文化时报》是你和流行文化交手的一个阵地？

吴：这也算是边缘人"用沙煲熬中药"吧。我觉得在现代传媒发达的情况下，并没有给人文知识分子留下一块向社会发言的阵地，在商业利益至高无上的氛围下，人文知识分子的处境就越来越边缘化，你听不到他们的声音了，更不用说被收容、整合、改编后放弃立场，或者热衷于自言自语、党同伐异。可以说是基于对处身商业社会的知识分子尴尬情况的认识和自觉，我们几个志趣相投的朋友在 1993 年 10 月，从闹市的中心悄悄走到边缘，创办了《岭南文化时报》。

问：当时的发刊词有这样的句子："我们想借这块小小的阵地寻觅、团结更多的精神同道，联手对世纪末的庸俗化倾向作顽强的抗击。"后来据说这份报纸在南北的文化人圈中影响很大，当时有人称北有《读书》，南有《岭南文化时报》，真实的情况是不是这样？

吴：我前两天才刚刚把 1999 年 3 月写的一篇文章放在世纪中国网上，叫"风中的火柴"，很详细地回忆了五年的办报历程。那时离停刊的 1998 年 12 月 30 号仅仅过了 70 来天，却已经感觉如前尘往事一般。办报的过程非常曲折，几次差点关门，中间也停过几期。当时来自全国各地的稿件都是非常有分量的，还有几个强调自己声音和立场的栏目，比如"本报编辑部""精英观察""反调俱乐部""旧文新刊""点名批评"等都是名重一时的专栏，成功地建立起几乎包括当今中国思想界所有知名人士及部分完全不为人知但确有分量的民间思想者在内的作者网络。

问：你在《抵制一元化的姿态》里讲到你希望所做的工作是创造性的工作，这样才能重新建立多元化的精神空间和文化格局。

吴：应该说90年代以来，学术界开始慢慢复苏，但是我觉得思想界还是保留了一种习惯性的思维，他们期待着一篇文章就能产生整体的轰动效应，或者一篇文章就能影响思想界，他们想象某一篇文章会很有害，于是拼命打压。在我看来，无论是自然界还是思想界都需要生态平衡，应该允许多样的声音存在，哪怕是有害的物种，你也应该让它存活嘛，这才是多元的心态、宽容的心态，其实也是现代的心态。古人其实在这上面是很成熟的，有句话叫"万物静观皆自得"，就是说每一个物种的存在都是恰如其分的。

　　从另一个角度来说，我一直有一种回报心理，读书人读了这么多年书，花了不少人民的钱，做点实事是个回报，另外我们所接触到的知识都是前人积累下来的，我们平常都是在消耗前人的累积，不应该只当一个消费者，我们应该考虑是不是还能创造些什么出来，哪怕创造不了，也应该尽力把这些知识向你所处的社会、你周围的人传播，这也是回报的意思。

（原刊《赢周刊》2002年11月）

风中的火柴
——《岭南文化时报》五年纪事

> 你未看此花时，此花与汝心同归于寂。你来看此花时，则此花颜色一时明白起来，便知此花不在你心外。
> ——王阳明《传习录》

《岭南文化时报》从1993年10月27日创刊到1998年12月30日停刊，历经了1888个时日，不过，现在回头望去，只觉得是短暂的一瞬。而从其停刊至今，其实只70来天（此文作于1999年3月14日，为首次发表——编者注），但犹如前尘往事。长与短、近与远的双重错觉，更令我意识到及时记叙5年间人与事的必要性，以免"真成梦幻"。

一 缘起

1981年至1991年，我一直在中山大学哲学系做学生，当时主编过全校性学生刊物《中大青年》，办刊办报的热情初次触发。1991年7月，带着八十年代的激越和无奈，我到新成立的广州市社会科学院哲学文化研究所工作，有幸遇上李明华博士这样一位好所长。1992年夏，广州市社会科学院成立岭南文化研究中心，李博士安排我负责联络事务并任秘书长。我当时向他建议能否以中心名义申请办报，得到他的全力支持。他自己曾在武汉主编过八十年代风生水起的《青年论坛》，所以他能体会我的心思，表示放手让我独闯。

1992年秋，我开始做起办报的梦，起草给广州市新闻出版局的申请报告，想象将来的报纸面貌。因为是以岭南文化研究中心名义申办，所以，报名只能叫《岭南文化时报》。那时，政府职能部门的腐败之风已开始盛行，职能部门办报，可以动用权力向管辖企业强征广告，报纸被视为摇钱树。于是，政府职能部门办报一时风起，而当时本地主管新闻出版的官员对申办省内刊号报纸，大都持宽容立场。《岭南文化时报》正是碰巧搭上这班"便车"的——1993年6月29日上午，早上刚下过一场大雨，九十点钟的太阳已很毒，我骑着单车，到位于水荫路的广东省新闻出版局报刊管理处领取批准《岭南文化时报》开办的"内部报纸出版许可证"。

从"想做什么"到"该怎么做"，对一介书生而言，的确有待考验其做事的耐力。

二 "四君子"

按规定，申办者必须在获得"出版许可证"的半年之内正式出报，否则视为自动放弃处理。为了及时筹集经费、征集稿件，必须先有报社的框架。

最初参与办报的四个人是：单世联（广东省社会科学院文学所）、陈少明（中山大学哲学系）、李公明（广州美术学院）和我。因没有钱租借办公室，前两次碰头分别是在少明和我家里进行的。1993年7月8日，我们共同起草了一份"《岭南文化时报》介绍"，目的在于寻求有识之士的经济资助。其中有这么几段话值得记忆——

"我们都曾在各自的学术领域中有过建树,共同的思想见解、对社会现实的强烈关怀把我们紧紧相连。

我们认为,学术研究的最高境界是参与时代生活,参与文化的创造。当代学人的天地不应只局限在书斋之中!因此,我们开始了这条充满荆棘和希望的报人生涯。

在建设精神文明、汇聚时代潮流、参与经济发展的大前提下,本报将努力与众不同,敢于标新立异,不惮唱反调。本报将以其真实的个性和独特的见解,在人语喧哗的当代环境中顽强地表达自己的声音。"

最后是我们的自许和期盼——

"在成熟的夏季,我们把又一颗文化种子洒落岭南沃土。朋友,请给我们一片荫凉,给我们一点生命之水吧!今天我们是无声无息的小花,明天我们将成为参天大树。"

我们分头接触了各色人等,把我们将要做的事情描述得很感人,对方最后说,市场前景不明朗,但对我们表示钦佩。无奈之下,我们改变思路:先把报纸出出来,尽量在形式上高档一点,然后再拿着现成的报纸去说服人也许会奏效。

报社筹集到的第一笔资金是 16000 元,那是在出报之前的 1993 年 7 月底,出资人是我所在的研究所的同事,他们是:李明华、李大华、贾云平、韩强、张勇、阮晓波、陈洁珍。那时时兴"股份制",所以这笔钱也称"股金"。这笔钱解了我们燃眉之急,用这笔钱,我们在东山合群三马路(离中共"四大"旧址约 100 米)租了一间小屋作为编辑部,感觉有了"报社"。还购置了必备的办公用品,而余下的钱又使得我们敢于想到应该马上出报。(《岭南文化时报》虽然已被停刊了,但我还想在此最后一次代表热爱《时报》的全国各地读者,向我的同事们致谢!)

大概是在 1993 年 10 月中旬，我们邀请了广州知识界和新闻界的近 20 位朋友座谈，地点是市委礼堂的一间小会议室。一方面是约稿，一方面也是发布创办《岭南文化时报》的消息。按惯例，应给与会者一笔"车马费"，由于经费拮据，我们送给朋友的是三联书店出的两本小书，一本是雅斯贝尔斯写的《什么是教育》，一本是弗兰克写的《活出意义来》，共值 5.95 元。记得书是李公明从北京路书店挑回来的。再说朋友们收到这份礼物后百感交集——出乎意外的免俗之喜和体会我等办报之难。时任《广州日报》记者的庞彩霞女士回去后把这种感受写成一篇"特写"，大样都出来了，但最后被老总枪毙了，理由是"会给人觉得党报的记者也天天拿'红包'"。

1993 年 10 月 20 日，我们编好创刊号，送到《南方日报》印刷厂。我们手中只有万把元钱，但胆子似乎很大，决定彩印，出周报，四开八版。那时纸张贵，彩印一万份（包括文字输入、制版）要 9000 元左右。幸好印刷厂张姨通融，决定让我们一个月结算一次。10 月 25 日下午，我们四个人在印刷厂做终校，看到有模有样的创刊号即将出笼，兴奋难名。回家时天已微黑，有点凉意，我们各自骑着单车穿过五羊新城，好像刚从前线愉悦归来。而当时我们四个人并没有拿一分钱的"工资"。

创刊号上的发刊词是陈少明主笔的，我们宣称："由青年学子创办的这份《时报》，是一块新开垦的精神试验园地。面对以大众传媒为主体的功利化文化洪流，我们想借这块小小的阵地，寻觅、团结更多的精神同道，联手对世纪末的庸俗化倾向作顽强的抗击。在这里，真理、理想之类日益被淡忘的价值观念，公正、客观之类渐趋逸失的新闻立场，将得到应有的重视。"版式是由与我们有深切认同的荷瑛小姐和阿翟先生不计工本精心设计的——一瓶香槟从一堆石头里喷薄而出，阿翟说，坚硬而棱角分明的石块是《时报》的性格，不可阻止的香槟是办报人的朝气。10月27日早晨，因为报纸要"出街"，我与李公明天没亮就出门，赶到广东电视台，在六点三十分的"早晨"节目里"自吹自擂"。我的导师中山大学哲学系的冯达文教授也特地早起，为我们从电视上转录《岭南文化时报》的这段黎明中的告白。

因为援资未到，彩印周报只出到第8期。在这8期中，基本没有固定栏目，但有固定版面，如"岭南物语""西窗雨""满江红""学在人间"等。由于开始时稿源稀缺，近一半稿件都是我们自己充当"写手"。有领导因此批评道："现在还办同人报纸？"

第8期的出版日期是1994年1月8日，而第9期是1月28日出版的。中间空缺一期，是因为时已"断炊"。当时我拿着报纸找到了我的大学同学云大斌，他同意斥资4万元"入股"，这样，《时报》的轮子又动起来了。

从第9期开始，我们精打细算，把周报四开八版彩印改为旬报对开四版套红印刷、改周三出报为逢八出报（这一格局一直保持下来。不过，自1998年3月10日的第119期起，又改为逢十出版），并更换了印刷厂，这样，每个月可以降低两万元的成本。编辑第8期时正好逢1994年元旦，李公明写了一篇"新年献辞"登在第一版的右上角，楷体排版，署名"本报编辑部"，这就是从此每期不断的、出现在同一位置的、影响最广的"本报编辑部"文章（被读者视为"社论"）的"第一炮"。从第9期起，在"本报编辑部"专栏里出现了一个标志，我们自己视为"报徽"，那是由广州美术学院的一位朋友义务设计的，粗线条的圆圈里，一只尖锐的老式自来水笔笔头，整个造型类似步枪的准星。我们自己把它理解为"以笔为枪，瞄准目标开火!"第9期的报头也有了变化,"岭南文化时报"六个字出自一位在深圳经商的低我三届的中大哲学系同学,延安人,叫苗延丰,后来一直用他的手书作报头。同时,还从此在报头上出现"South china culture review"("南中国文化评论")的歌德体字体,这小小的举动也可以反映出我们执意淡化岭南地域色彩而直面当代中国社会问题的办报立场。这一时期,我们还把"铁肩担道义,妙手著文章"这一李大钊先生的名言移作《时报》的广告语,我们发给他人的邀请及信函也一律以"同志"相称,我们的"社论"里也夹杂着"革命时期"的语言,如上述的"新年献辞"里称"我们的志向是任何艰难也阻止不了的,我们的志向一定要实现!"有点战天斗地的情形。

我们用上述的五万六千元及在此期间获得的带有赞助性质的三万元广告(这里要特别感谢李杨女士的帮助),支撑到1994年5月18日,出版了15期报纸。又到了山穷水尽的时候了,《时报》只好暗地里停刊一个月,到了6月18日才出版第16期。也是从这一期起,《时报》的主办单位由"岭南文化研究中心"改为"广州市社会科学院"。(因为"上级"突然规定,只有局级单位才能办报。)

1994年6月1日,报社从合群三马路搬到天河东路242号,那是广州禾田实业公司免费提供的场所。禾田公司的老板陈乐田先生是低我一届的系友,我在中大编辑《中大青年》时,乐田是一名重要作者。毕业后多年不见,大概是1994年春季的一个毛毛细雨的午后,我在天河路遇乐田,向他谈起报纸的境况,他希望我跟他多联系。所以,当《时报》再度危机时,我自然想起乐田,而他也爽快地资助了5万元。《时报》又得以出版下去。

我们四个办报人在中山大学哲学系都有几位共同的"忘年交",他们始终关注《时报》的生存。是袁伟时和何博传两位教授热情地向霍英东基金会的何铭思先生推荐《时报》，希望得到基金会资助。霍英东基金会决定从1994年下半年到1995年上半年，资助15万港元给《时报》（分三次拨款）。这是《时报》能迎来创刊一周年的关键所在。

1994年10月28日，钟情书画的新光花园酒家副总经理黄尔荣先生慷慨地在号称"广州白宫"的流花湖新光花园酒家内摆设筵席，庆贺《时报》创刊一周年。那天，我们还在广州市的主要街道中山一路至八路两侧的公共汽车停靠站设立50个无人售报箱，首开国内街头无人售报之先例（此项活动得到广东银海集团和广州市电车广告公司的支持。之后的1997年下半年，我们又在市内近百个书店设置新的无人售报箱）。28日下午3时，约120位来宾齐聚一堂，场面壮观。著名老漫画家廖冰兄先生当场挥毫，画面是一只耳朵的左右两侧站立对叫的喜鹊和乌鸦，并题曰"鹊唱诚悦耳，鸦啼亦惊人。传媒善兼听，报道力求真"。《山坳上中国》的作者何博传教授也即兴吟诗，诗曰："岭南春秋波，文化色彩多。相看四君子，倚角推天磨。"注解是："李鸿章是一代天绝，我们一代是天磨。四君子创报一年，奉献颇多。作为读者，无以为报，特作打油诗示谢。"从此便有了"四君子"之说。

三 "二人转"

"二人转"是比喻单世联和我两个人苦力支撑《时报》的局面。从1994年下半年起，"四君子"中的陈少明、李公明二人由于教学和著书的压力而相继退居二线。所谓"二线"，是指他们还时常为《时报》约稿或撰写评论。别人经常问我报社有多少人，我总是含混作答，因为不仅单世联是兼职，我本人作为主编也仍然是兼职（广州市社科院作为主办单位既无钱可出也不出人，所以我还得完成社科院正常的年度工作量），这种无专职人员办报的情况，在我国报刊史上，可能是少有的。当然，后来还是有楚尘和付东流两位热血青年相继加盟，负责头版头条的采访稿。

经过一年多的操作，出版的程序建立了，稿件的来源开通了，我们逐渐踏上了轨道。我约定单世联周二、五在编辑部碰头，周二商量下一期稿件，周五确定当期稿件。我们还同时交换各自获得的思想信息和读书体会。单世联口若悬河，但手比口还快，经常有应急中的神来之笔。《时报》的"社论"，约有七成出自他的手笔。他的普通话不仅快而且扬州口音浓重，许多人听不惯。由于我们长期相处彼此适应，以致一旦耳旁少了"单氏国语"，反而觉得没有了谈话氛围。他有夜间工作的习惯，一般是上午睡觉。若约他下午三点到编辑部，他总是自带方便面或饼干，一边进门一边嚷着："顶不住了顶不住了，妈的，今天一天没吃东西了。"

1995年5月中旬，《时报》又从天河东路242号搬到天河路太平洋商业中心，那是个专营电脑的商厦，租金高得惊人，根本就不是《时报》所能承受的。当然是又路遇知音了。这知音便是广州明珠电力股份有限公司（现已改为"广州明珠电力企业集团"）。明珠电力的董事长兼总经理李永喜先生其实是我们的同龄人，不过他事业早成，他领导下的明珠电力红红火火，他本人多次被市人事局请去给全市临上岗的应届毕业生作报告，我就是在这一场合结识他的。在霍英东基金会的资助即将期满之际，我找到他，直言相告，希望他支持。从1995年5月18日出版的第47期起，《时报》的报头下出现了"协办单位广州明珠电力股份有限公司"的字样。从此至1998年12月30日停刊的三年半时间里,明珠电力免费提供场所并斥近百万巨资不间断且近乎无回报期待地资助《时报》出版。如果说《时报》能生存五年之久是一项奇迹的话,那么,像明珠电力这样倾情扶持文化事业,其实也是中国企业界的一项奇迹。我们作为书生无以回报,唯有希望读者在追忆《时报》时,也能感念明珠电力的壮举及其年轻有为的企业家们!

在"二人转"人手紧缺的情况下,我们还是策划了一些专版,如纪念"二战"50周年、纪念王小波病逝、"国情研究""香港回归"、粤北瑶胞贫困报道等专版,均产生很大反响,多家国内报纸作转载。这一时期,报纸的风格已形成,版面也进一步作了调整,如先后设立"三一工程"版("一本书主义""一言堂""每日一课")和俗称"四旧"版的"朝花夕拾"("旧文新刊""旧人再见""旧图另看""旧事重提"),各版面都有专栏,如"本报编辑部""精英观察""反调俱乐部""旧文新刊""点名批评"等都是名重一时的专栏。《时报》还在此时成功地建立起几乎包括当今中国思想界所有知名人士及部分完全不为人知但确有分量的民间思想者在内的作者网络。《时报》也因此备受京沪两地思想界的关注。作为一份传播面窄的知识圈内报纸,我们一直不愿意转载其他报纸的文章来填充版面。但所谓的"大报"则动辄转载《时报》文章(1996年起几乎每期都有文章被转载),如《读者》《新华文摘》《文汇读书周报》《羊城晚报》《南方日报》《中华读书报》等全国近三十家(据我们已收集的)报刊都曾作过转载。由于我们势单力薄,"大报"既不事先征求我们的意见,也不事后寄赠样报。不过说老实话,在"大报"把我们视为"小报"时,我们倒真的是坚持以"大报"的立场和责任评点世事,而把所谓的"大报"当作无聊"小报"的。

我们不惮唱反调，讨厌传媒界随波逐流人云亦云的恶习。有人不从独立品格上作肯定，反指责我们是故作奇谈怪论。但随风转的所谓"大报"也有跟着我们这样的"小报"走的时候，如我们是最早专版评论王小波小说的报纸（1995年1月8日第36期。而两年之后王小波才走红），后来"大报"的"老记"们就注意观察我们的动向了。

1996年12月28日，承三和企业集团骆加中先生资助，《时报》假座"天鹅会"庆贺出版100期。那天，原广东省委书记、德高望重的任仲夷同志也到会祝贺。由于李明华博士和李公明先生主持有方，各项安排进展顺利且尚有余时，所以，两位主持临时要我上台讲几句话。在那一刻，我其实是沉浸在回忆之中——三年多来走过的每一步、付出的每一滴心血、数度关门的危险及其与某些无赖周旋的屈耻，所以在台上近20秒内竟无言以对，声音哽咽，不过我自己还是清楚记得当时讲的一句话——"谢谢大家的支持，我们不过做了作为人文知识分子在当今社会环境下应该做的工作"。事后，我们的朋友张志林教授说："哥们，我当时真想冲上去啊！"

1997年6月初，《时报》又从天河路太平洋商业中心迁至天河北路452号天丰阁303室。此时，算是真正拥有一套完全独立的宽敞场所，并且建立起了电脑排版室，稿件可以在临出报前一天随时撤换，已具备对社会事件做出快速反应的条件。不管是从报纸风格内容、社会知名度还是办报的物质条件上看，应该说，从1997年下半年起，《时报》已步入前所未有的顺境。现在《时报》不在了，但我与单世联还不时展望《时报》的"前景"——如果能拿到公开刊号，按1998年的势头走下去，不出3年，《时报》当成为影响全国的真正大报。由民间培育一份全国性的报纸的确不是一件容易的事情！

四　风波

办报既要顶住经济危机,还得直面一些非经济的压力。在五年历程中,还真是风波未断。

这里所谓的"风波"并非因触犯禁忌所致,而是一些无聊的人在跟我们较真。以下依时间先后列举数例。

第4期(1993年11月24日)上有篇讲农民起义"造反有理"但"造反无功"的文章,谈的本来是事实,但时任宣传部系统的一位领导郑重其事地把我叫到他的办公室里"谈工作",严正地说:"你不觉得这期报纸出了什么问题吗?"我说暂时还没认识到。他不想兜圈子了,直言道:"你们说农民起义造反无功,那毛主席是怎么说的?人民,只有人民,才是创造历史的唯一动力!"他还真的把毛的那段语录准备在手里,并当即拿给我看。在"铁证"面前,我唯有说以后会特别注意"政治"问题的。

第39期(1995年2月28日)上登了一篇题为"历史的玩笑"的"读者来信",对香港的姚美良先生捐资在中山大学校园盖陵墓式的"永芳堂"(姚永芳为姚美良之父)提出批评。不料中大历史系某位"名教授"坚决要求中大党委出面与我们交涉此事,理由是我们打击并否定港澳同胞的爱国义举,并扬言要把我们告到"全国政协"去(姚是全国政协常委),闹得市社科院领导出面请客求"私了"(当时广州的《粤港信息日报》报道过此争端)。最后的妥协是:《时报》必须登一篇由中大方面撰写的"正面"文章。(这些经过,我们都不在场。)文章的题目为"庄严的爱国主义教育阵地",署名为"钟达轩"("中大宣"的谐音)。在本报主办单位领导的巨大压力下,我们只好选择"破财消灾"的策略——刊登那篇"正面"文章的第 41 期《时报》事实上只开机印刷 500 份（低于这个数则印刷厂不干，不然我们只想印 10 份奉送了事）。这期报纸除了送给中大宣传部外，所有的读者都没有见过。

第 58 期（1995 年 9 月 8 日）头版也登了一篇被人视为"有无搞错"（"有没有弄错，这也敢登？"）的文章，题目是"是奖给黎市长还是奖给黎子流？"文章直接指名批评当时的广州市市长黎子流。来由是作者"洋丁"在《广州日报》上看到一篇祝贺黎市长获国家语委颁发的"推广普通话特别奖"的文章，获奖的依据是：虽然黎的普通话很差，但在公众场合不怕现丑敢开讲。"洋丁"认为，"这个奖如果奖给作为公民的黎子流，我是非常赞同的；但若是奖给作为市长的黎市长，我就有些不满。"因为广州市的普通话推广工作是无成绩可言的。这本是充分说理的，但黎市长手下的一些人难以接受"黎市长居然在当地被点名批评"的事实。于是直接找到我们的"上级"施加压力。幸好黎市长本人尚能海涵此区区小事。

第 88 期（1996 年 8 月 8 日）头版头条是南京师范大学美术系的陈传席教授撰写的"关于'评刘海粟'一文风波答记者问"一文，文章进一步列举刘海粟污点的确凿证据，如剽窃抄袭他人作品，充当文化汉奸，等等。文章出来后引起轩然大波，据我们所知，全国大概有十几家报纸杂志转载过此文。另外，刘海粟纪念馆的一帮人写来抗议信（我们当然不予理会），陈传席先生在南京也遭到围攻甚至电话恐吓。见我们无自我检讨的动静，那帮人也够有能耐，居然把江苏省委宣传部动员起来，而江苏省委宣传部也居然正儿八经地给广东省委宣传部发来一封函，意思是贵省的《岭南文化时报》太不像话，希望加强批评教育云云。有权力背景的告状人，一般不愿对簿公堂而喜欢通过所谓的"组织",似乎"组织"之间一定是会相互给面子的。不过这一回算例外,此"组织"并不怎么给彼"组织"面子。

最后一次风波对《时报》来说则是灭顶的。第 140 期(1998 年 11 月 20 日)头版头条刊登"正北丰村调查"的长文,作者是中山大学哲学系的一位应届毕业生,文章是他在假期回到家乡广东电白县正北丰村时做的调查报告,文中列举乡村官民对峙、组织涣散、超生成灾、犯罪滋生、失业严重、教育荒芜等严重社会问题。调查是极其细致的,所有结论都有大量的数据、事实作根据。但广东省委政策研究室的某位"厅级干部"(据后来与我们交涉此事的一位干部声称)看了大为不满,认为我们夸大问题言过其实,于是派了一员手下干将(该人其实早与我们相识)到编辑部调查该文的背景。我们说没有什么背景,况且情况更严重的农村还不少呢。据说林若(任广东省委书记、省人大常委会主任)后来亲作批示,要求省委政策研究室派人到正北丰村再做调查。且说政研室的某领导认真翻阅这期报纸后,感觉问题越来越多,尤其是第 3 版"旧文新刊"专栏居然有一篇张奚若先生写于 1946 年的抨击国民党的"废止一党专政,取消个人独裁"的文章,他自以为我们是别有用心。有一情景我大概终生难忘,即那位干将在编辑部时对我指着这篇旧文说:"你看,你看,这样的文章怎么好登呢?"我说:"你具体看看内容就知道了。"他说:"要是人家不看内容只看题目呢?"在我们就此文进行对话的过程中,他始终没有复述过该文的标题,我怀疑他没有勇气哪怕是当着我们的面把该标题念出来。如此这般之后,《时报》终于在 1998 年 12 月 30 日出完最后的第 144 期(按广州方言,"144"就是"一定死"的意思)。

五 停刊

1998年10月20日，第137期出版，头版并下转二版，刊载著名作家龙应台女士的《八十年代这样走过》的长文，是北京一位与龙应台相熟的朋友为我们约的稿。像我们这些从八十年代走过来的人，读到这样的文字，只有用"感同身受"来形容——

"89年10月，莫斯科有万人游行，东德百万人游行。风中帛帛作响的旗帜上，俄文的和德文的，写着：'我们不要……'。"

许多人读到这篇文章后纷纷来电，抒发共同的感受，有人说是站着读完全文，有人说是流着泪读……我想不到，在这个据说已是图像化的时代里，文字居然还具有如此巨大的打动人心的力量。我们的激情包括责任被进一步唤起，我们必须突显文字的先锋姿势。应该说，自137期之后，我们便有意识地不断加强评论的冲击力，犹如上了一趟已经启动的快车，只能顺着惯性，越来越快地向前。如"别一种水患"（138期）、"似曾相识：改革与反腐败"（139期）、"乡村社会名存实亡"（140期）、"我们能行的宪政与宪法"（141期）、"清算'文革'前十七年文学"（142期）、"我们的教科书问题"（143期）、"身边的民主空间"（144期）等。

1998年12月20日，我们被告知：《岭南文化时报》1999年停刊。

12月31日上午至夜10时，单世联和我都知道是在做最后一期的文字编辑。我们惜墨如金地起草停刊通知，激动，悲情，被我们充分地节制，掩埋进本年度最后一天的夜幕里。

头版头条的图片是夜幕下迎风擦燃的火柴，让很多人想到戴安娜身亡后那首世界传唱的"风中蜡烛"。

我们也有简短的告别——"不说再见"。"新年钟声敲响/本报将消逝在世纪末的苍茫暮色之中/但我们不忍和朋友说再见。"望着窗外夜色,华灯已上,行人匆匆赶往迎新聚会。我不禁在心里说:你们尽管快乐地前行,而我们,也将抽身离去。

第二版的大半版面,依然是漆黑中的燃烧着的火柴。

报纸是在1999年1月4日中午才在街头出现。下午二时起,编辑部的电话声不绝。电话的那头除了激越的声音还有独自的抽泣——"一张好好的报纸,本来好好的,为什么说没有就没有了呢?!"我们无法回答。但是,我们能体会她的伤感——她不愿也不会相信一位成了她生活中一部分的亲人有一天会在自己的身边突然消失掉。

从1月6日开始,法新社、共同社、美联社、《明报》《南华早报》等媒体来电要求采访,但我们一一婉拒。因为我们的一贯立场是:我们不愿意参与"炒作",也不愿意被他人"炒作"。

《时报》不在了,天也不会塌下来。

而我们的生活,仍然继续。

【附录1】 怀念《岭南文化时报》

(佚名网友)

很多人都知道也都承认南方广东有一刊一报在国内媒体占据非常重要之位置,那便是《南风窗》与《南方周末》,有此二物,可以令国人对向来被人讥为"文化沙漠"的广东有另一种角度的思考和认识,广东其实自有其风貌和生意。二者皆冠名以"南",反映了有岭南(南方)特色的文化思潮,实际上也是改革开放先行地思想文化学术的流向,是开放时代的积极产物。个人对二者的地位毫无异议,与此同时想提一提的倒是或许鲜为人知的另一南方思想文化重镇——《岭南文化时报》(以下简称《时报》)。

据我有限的资料,《时报》为广州社会科学院主办,创办于1993年(后?),而我在广州读书第一次碰见它时已是1997年,时为旬刊,四版开,当时已办到110多期。不经意有幸在校书店读到它,后来愈发喜爱,每次必定认真通读,有些读了多次,然而很多时候不能准时买到,故到1999年《时报》停刊时我才收藏了18期,缺失不少。遗憾的是,此前我本想写信询问购买其他期的报纸,然终未写成,想来是一大憾事。如今望着眼前只有薄薄的那么一叠,思绪万千,更多的是惋惜和留恋。

记得1999年下半年我到广州一辖市实习,其间一次回校见到本校报纸刊登了有关《时报》停刊的消息,也到那时我才知道其总编是年轻的吴重庆先生。而最后一期的《时报》我终是没能见着，心里甚为痛惜，至今也不知道停刊所为何故。《时报》虽为一张四版之报，印刷说不上精美甚至可以说是极其普通，也偶有错别字，然价格便宜只有五毛钱，除了赞助的某公司偶有专文介绍外，也没有多少的商业广告，绝对是一份适合当代知识分子包括大学生阅读的思想文化学术时评的刊物，它是我在大学读书期间读到的最难忘怀最有见解最有思想力度的少数读物之一。看到它，我便会想起我的充满激情的大学岁月。这也是我怀念它的一个个人的原因。《时报》停刊，我当然曾经私下妄加猜测，或许是其经营管理不妥，或许是其宣传不够，或许是其面临巨大压力，或许还有其他原因也未可知。而如今《时报》停刊后已过去三年时间，我便只有怀念的份了。

于我个人而言，《时报》带给我思想观念的冲击是巨大的，深刻的。我始终认为自己作为一个个体如果说能从盲目无知到有所启蒙，至今还保有一点对思想文化的正确认知以及持自由真实的态度的话，那大部分便是《时报》给我的，还有就是在外校选修伦理学时与港澳生一起学习和争论后认识到的。读《时报》曾经是我最快乐最难忘的时光，每次拿到手虽只有一张报纸，但内容实是精彩纷呈，言之有物，论之成理，于时世有补，所刊文章大多所见所论精辟独到，追求真实和真理，敢言他人不敢言，决不囿于成见，决不附和教条，决不媚陷于世。时常也发表一些思想文化界名人的文章，如何清涟、龙应台、曹思源、李慎之、于光远、李锐、杜维明；还有一些有力度、有影响的好文章，如《北大的自由主义传统——纪念北京大学建校100周年》《蛇口：中国的"泰坦尼克"号》《清算"文革"前十七年文学》《〈红岩〉作者罗广斌之死》等。《时报》有很多至今仍令人不能忘怀的版块，如"风雷激""朝花夕拾"

"岭南风物""大音希",还有一些栏目采取古为今用策略专门重刊思想文化名流比如胡适、冯友兰、罗隆基、张奚若、李大钊、傅斯年、梁漱溟等的重要言论的"旧文新刊",今人难以再见的民国时期及新中国成立后的一些重要人物事件的旧照片和图片的"旧图另看",倡导学术百家争鸣勇于标新立异的"反调俱乐部"等,颇有文化品位,亦很有特色。《时报》所刊内容非常广泛,涉及政治学、哲学、经济学、伦理学、法学、文学、史学、美学、民俗学等,文章颇有思想文化之独立见解,独立主张,皆切中时弊,真知灼见跃然纸上,关爱民生之情力透纸背,读来令人拍案叫绝,痛快淋漓。

《时报》尤其秉持"独立之精神,自由之思想",追求思想解放,关注民生国事,关怀人道人性,如此一张小报,实说得上是一面插在中国改革开放前沿阵地的鲜明旗帜!吾今深深怀念之!在这里,我看到了中华民族曾有的深深灾难和苦难的真实过程,我看到了我们的先辈前赴后继地向前走来,我还看到了自由与真理的曙光,而我现在对未来始终坚信不疑,因为我仿佛看到了希望之未来!

吾今深深怀念《岭南文化时报》!深深怀念属于《岭南文化时报》的日子!深深怀念属于《岭南文化时报》和我共同的日子!

2002 年 3 月 19 日晚

【附录2】周翠玲《羊城声色味》序

1993年初,在时任广州市社会科学院哲学文化研究所所长李明华博士的支持与鼓励下,我受命筹办《岭南文化时报》。同年10月28日,《岭南文化时报》创刊号出版。那时,在"现代化"思潮的裹挟下,思想界无不以"去本土化"而后快,我们一帮在粤的"新客家"自然也不例外。为标榜新潮,我与办报同人单世联、李公明、陈少明诸君商议后,给《岭南文化时报》起了一个英文名,叫 SOUTH CHINA CULTURE REVIEW,心底里是想摆脱岭南一隅的束缚。无奈的是,《岭南文化时报》是以广州市社会科学院岭南文化研究中心的名义申办的,按规定,必须有所体现岭南地方特色。出于应付,我们将第二版的上半版命名为"岭南物语",常设栏目有"岭南话旧""粤人嘴脸""粤俗好歌""岭南沧桑图录"。没想到的是,不仅读者,连我们几位办报人,也渐渐喜欢上了"岭南物语"。这中间,周翠玲君居功甚伟。当时我们并无"专栏作者"的概念,但周君基本上就是"粤人嘴脸"的专栏作者。那时还没有流行电子邮件,也鲜有文化人拥有手机,我们只好苦等她的来稿,编辑部的发稿时间有时不得不以收到她的大作日期而定,反正《岭南文化时报》是旬报,出报流程可以紧赶慢赶。

虽然是近二十年前的往事,但对拆阅周君来稿信函的记忆犹新。那时的誊稿纸以400格居多,密的为500格,疏的为300格。周君的字体大开大合,殊为雄奇,所以,她都选用300格的稿纸。她同时也是做事缜密的人，在誊稿时每每使用复写纸，以防邮途不测。也许是出于对编辑的尊重，她总是将正稿寄出，自己则保留复写稿。正稿是使用圆珠笔誊写的，真正的力透纸背。这样一些细节，其实显示了周君的风范，豪迈，细腻。而她的文字，也是如此，总能以历史学家的豁达和文学家的体贴，将粤人的日常事相和岭南的节庆风情，置于层次丰富的时代幕景里，描绘得透迤磅礴，韵致可人。时至今日，我还是认为周君的文字是抒写历史广州、文化广州和市井广州的最为传神的文字。

对今天的广州来说，尤其需要像周翠玲君这样贴近本土的作者。时世移易之下，我自己也早已消退了"去本土化"的冲动。这不仅因为我认同了广州独特的从容淡定的城市气质，更重要的是近十年来与"全球化"双轨并行的"全国化"趋势。事实证明，"全球化"在消弭文化多元性的同时，必定带来国家、民族和文化认同的危机，所以，"全球化"的反向运动是激发本土的身份认同，即"本土化"。但"全国化"则不然，在民族—国家的符号框架下，一国之内不同区域间的身份认同危机往往被遮蔽和淡化，不大可能出现"全国化"的反向运动。恰恰因此，"全国化"对区域文化特色的吞蚀丝毫不亚于"全球化"。在"全球化"和"全国化"的双重挤压下，从维护文化多元性的立场出发，多么坚决的本土诉求，恐怕都不为过。

常常说"杯水车薪"，也常常说"远水救不了近火"。但对"近火"来说，"杯水"肯定比"远水"更为可贵！灰烬下侥幸尚存的一二种苗，也许正是得益于"杯水"之功。如果多数人都有周翠玲君那样不舍"杯水"的执着，我们身边的文化传统，也就可以免于外来之燹了。

回应中国的社会变迁
——以《开放时代》为中心

中国正在发生急剧的变化,中国学术界已经习惯于用"社会转型期"来概括。"社会转型期"这一笼统的说法在中国学术界差不多是使用频率最高的流行语,大部分学者只是把中国社会的变迁作为"社会转型期"的平面的事实加以接受,而较少关注社会转型何以发生以及成功转型将导致哪些重大的话题需要重新讨论等。

中国学者对本国的社会变迁欠缺敏感,其深层原因是他们不同程度地、自觉或者不自觉地受到意识形态的宰制。所谓"意识形态的宰制"并不是指中国官方有意禁止学者对中国社会变迁的讨论,而是指:第一,从新中国成立至今,进化论一直不间断地居于主流意识形态的地位,所以,社会变化哪怕是急剧的变化,也都被人们认为是再正常不过的事情;第二,自1978年中国实行改革开放政策以来,新一代领导人为了重整执政的合法性,有意将"改革开放"塑造成新的意识形态,"改革开放"被视为解释中国社会变迁的起点,中华人民共和国前30年与后30年的内在联系被有意割裂,导致中国学者对中国社会变迁复杂性的理解与把握失去应有的敏感。

中国是个历史悠久、政治运动频繁、革命记忆丰富、威权政治与全球化并存、人口及族群众多、经济体庞大、区域差异明显的国家,其社会变迁的复杂程度甚于别国。以中国的社会变迁作为研究对象，也远非某个单一学科可以胜任。

《开放时代》以回应中国的社会变迁为己任，倡导"以学术关怀社会"。我们反对学科壁垒，也反对对中国当代历史的人为割裂，希望借此树立中国问题意识，挖掘从中国观察中国的视角，推动学术界对公共话题或当下社会热点问题的讨论，实现社会议题向学术议题的转变。

一　大学围墙之外的学术杂志

《开放时代》是广州市社会科学院院刊，为综合性社会科学杂志。广州是中国南方最大的城市，也是中国第三大城市。广州市社会科学院是广州市政府的智库，但广州市社会科学院并没有要求《开放时代》的运作必须服从于地方政府智库的角色。

《开放时代》创刊于1982年，原名《广州研究》，1989年1月起改名为《开放时代》。2002年实行稿件匿名评审制，成为中国大陆第一批实行匿名评审制的社会科学学术期刊。由于来稿积压严重，《开放时代》从2009年1月起，双月刊改为月刊，每期发稿20万字，10篇左右论文。与中国大陆其他社会科学期刊相比，《开放时代》也以发表长篇论文著称。

在1995年前后，《开放时代》逐渐形成了关注中国现实问题研究的风格，推动学术界对理论前沿和实践前沿问题的讨论。在1995年至2003年间，《开放时代》的学术委员及作者，大体上由当时中国最活跃的一批自由主义知识分子构成；《开放时代》的立场，大体上也体现了自由主义的诉求——倡导民主政治与市场经济。2003年夏，由于编辑部人事的变动，一批持自由主义立场的知识分子联名退出《开放时代》学术委员会，成为当年中国知识界引人关注的一个事件。2003年前后，中国知识界内部自由主义与新左派之争方兴未艾。随着中国经济的崛起和贫富差距的扩大，新左派的声音也逐渐转弱为强。在自由主义知识分子退出《开放时代》之际，新左派知识分子适时地补位，更积极地向《开放时代》投稿。

中国的媒体管制事实上存在从中央到地方逐级放大的现象，来自中央的同一尺度的媒体管制，有的地方照此执行，有的地方则变本加厉地层层加码。可以说，《开放时代》能够成为中国自由主义知识分子和新左派竞逐的舞台，得益于广州远离中国的政治中心，一直是一个相对开放和宽容的城市，此决定了《开放时代》可以较有自由度地讨论一些前沿话题。另外也因为《开放时代》本身是一本大学围墙之外的学术杂志，此决定了《开放时代》的议题设置可以不受某单一学科的限制。

如果我们撇开自由主义与新左派的政治立场，单就二者讨论中国问题时的学术特征而言，自由主义基本上是把中国问题简单化和抽象化，认为中国问题的存在是因为民主政治和市场经济发育不足所致，而解决的办法就是推进民主政治和市场经济。相对而言，新左派比较能够照应中国问题出现的脉络，愿意将中华人民共和国前30年与后30年联系起来，挖掘中国转型的政治和文化资源。在外界议论《开放时代》被新左派"占领"之际，编辑部清醒意识到，作为一本追求思想活力的学术期刊，必须保持一定的张力与开放度，不管是对自由主义还是对新左派，都必须保持一定的距离。我们反对自由主义对中国问题进行简单化和抽象化的表达，但我们也认同自由主义的某些立场，如反对政府权力无边界地扩张，如期待公民社会的出现；我们认同新左派讨论中国问题时的脉络主义的进路，但我们也反对新左派的某些立场，如过激的民族主义，如对"文革"的过度肯定。总之，我们希望适当地"去政治化"，给政治议题或者社会议题转化为学术议题留下回旋余地。适当"去政治化"的结果是，从2008年起，一些自由主义知识分子逐渐回归《开放时代》，重新成为《开放时代》的作者。

《开放时代》常设栏目有："专题""人文天地""经济社会""法学与政治""他者的世界""传播与网络""新锐""现场""批评""阅读"，这十个栏目每期交替出现。"专题"是为了打破学科限制组织专题论文（详见本文第三部分介绍）；"人文天地"主要刊发研究1949年之前中国社会的论文，以及属于思想或理论前沿的某些重大议题的论文；"经济社会"主要刊发研究1949年之后的社会主义实践以及当代中国的社会事件或社会问题的论文；"法学与政治"主要刊发研究当代中国敏感法规修订、政治转型以及东欧后社会主义政治生态的论文；"他者的世界"主要刊发研究中国少数族群的社会适应的论文；"传播与网络"主要刊发研究互联网上的网络社区的论文；"新锐"为不定期栏目，一次刊登同一作者的两篇论文，以引起学术界对学界新人的关注；"现场"刊发根据学者讲演的录音整理的讲演稿；"批评"刊发学术批评稿件；"阅读"刊发国内外新版学术著作的书评。可以说，作为一本大学围墙之外的学术杂志，《开放时代》在栏目设置及选稿取向上无意于追求学科的知识建构，而是将焦点放在中国社会变迁的研究上。我们初选论文的原则是，论文内容不能仅仅为某单一学科的学者所关注，必须以其强烈的中国问题意识，唤起不同学科学者的阅读兴趣和参与讨论的欲望。

从《开放时代》近5年来的作者构成看，大体呈现"三三制"的特征，即中国大陆已经成名的顶尖学者、国内著名的综合性大学里的青年学者（包括博士生）、海外（包括港台地区）

学者大约各占三分之一。除中国社会科学院主办的《中国社会科学》杂志外，《开放时代》的这种作者构成特征，是中国大陆其他社会科学期刊所没有的。《中国社会科学》被中国各个高校定为最顶尖的"一类刊物"，在《中国社会科学》发表论文可以得到最高的考核分数。而《开放时代》不过是由地方城市社会科学院主办的学术期刊，属于"三类刊物"（由各省社会科学院主办的学术期刊被定位"二类刊物"）。《开放时代》之所以能够吸引到优秀作者的论文，主要在于《开放时代》作为大学围墙之外的学术期刊，可以较为灵活、及时地设置创新性和综合性的议题，以及因为创新性和综合性带来论文的受关注度和高引用率——在由南京大学中国社会科学研究评价中心公布的 CSSCI 来源期刊（2010~2011 年）目录中，《开放时代》的影响力排序已跃升全国综合性社会科学期刊第三名（此前排序为 2003 年第三十名、2005 年第十二名和 2007 年第十名）。根据该中心 2010 年 4 月 20 日提供给《开放时代》的查询报告显示，2004 年至 2008 年间，《开放时代》刊发的文章被 CSSCI 其他来源期刊引用的次数，平均每年以接近 50% 的速度递增。另外，由中国社会科学出版社出版的《中国人文社会科学期刊学术影响力报告（2009 版）》显示，《开放时代》的多项指标（三年平均）在全国 90 种人文社会科学综合类期刊中位居前列。统计数据表明，《开放时代》的"总被引速率"排序第三，仅次于《中国社会科学》和《读书》；"其他期刊引用速率"和"被引速率综合分析"均排序第四，仅次于《中国社会科学》、《读书》和《国外社会科学》（中国社会科学院主办）。这三项指标反映了《开放时代》对热点问题的跟踪能力、对学术前沿的反应速度、期刊的影响力以及受读者重视和研究者及时引用的程度。复旦大学葛兆光教授有一个形象的比喻，他说，他去过国内许多大学图书馆的现刊阅览室，发现被读者翻得最脏的期刊总是《开放时代》。

二　从社会议题到学术议题

《开放时代》的办刊宗旨是"以学术关怀社会"，即努力将社会议题转化为学术议题，其努力的落脚点主要放在每期必出的"专题"和一年一度的"开放时代论坛"上。

1. "专题"设置

"专题"文章是《开放时代》的"重头戏"，也是《开放时代》的特色所在。每期"专题"都有一个主题，与主题相关的论文大约三、四篇，占整本刊物三分之一左右的篇幅。"专题"论文总是被放在所有常设栏目的前面，以示"专题"并非以学科为取向，而是以问题为取向。在同一"专题"中，论文作者往往来自不同的学科背景。

"专题"主题的提出，大体依循如下几种途径：来自大众媒体上的社会议题，编辑部策划约稿，根据来稿临时组合。依此三种途径而设置的"专题"论文，其与大众媒体上的社会议题之间，在时序上呈现略有滞后、超前、同步的不同情形。这体现了《开放时代》学术议题设置的较大的自主性，而并非单纯是受大众媒体社会议题刺激的产物。

来自大众媒体上的社会议题。《开放时代》所在的广州市是目前中国纸质大众媒体最为发达的城市，中国最有影响力的日报（如《南方都市报》）、周末报（如《南方周末》）、周刊（如《南方人物周刊》《新周刊》）、半月刊（如《南风窗》）都集中在广州。这些大众纸质媒体源源不断地推出一系列严肃而富有建设性的社会议题，刺激全国受众的神经。《开放时代》

置身于这一高度活跃的媒体氛围，自然也会有所感染。不过，《开放时代》对社会热点议题的反应，始终坚持"以学术关怀社会"的宗旨。即使面对多么有价值的社会议题，《开放时代》也不会为了追求快速反应而直接请时事评论人撰稿，而是邀请与该议题所涉及的领域相关的专业学者以撰写学术论文的方式做出反应，即使滞后刊出也无关紧要。

编辑部策划约稿。《开放时代》每周三举行编辑部例会，要求编辑以"中时段"的眼光，检视近期社会议题的流变，交换对时事发展趋势的看法，同时归纳出某些有价值的议题，并进一步向有关学者提前约稿。由此而获得的某些议题，往往超前于大众媒体对该议题的关注，或者说《开放时代》的"专题"设置，有时候也引导了大众媒体对某一议题的关注。如2004年第1期《开放时代》"专题"的主题是"印度经验"，比较中国与印度的发展路径，探讨印度能否赶超中国。这一期的《开放时代》杂志出版后，其中的"专题"论文被大众媒体转载，并马上引起后续的讨论。

根据来稿临时组合。《开放时代》编辑部邮箱每周都能接受到近两百篇的投稿论文，各位编辑将初选过的论文提交每周的编辑部例会讨论，对那些以新近的社会现实问题为研究对象的高质量论文，往往并不急于将之确定为某具体栏目的用稿，而是在通过匿名评审之后再与作者沟通，希望同意给编辑部更多时间，以便能够在适当时候与后续的来稿或者邀稿组合成为一组"专题"文章刊出。此所谓"适当时候"是指该"专题"论文所涉及的议题即将或者已经成为社会议题的时候。如2010年第5期《开放时代》"专题"的主题是"劳工权益与安抚型国家"，其出版时间正好是中国大陆最大的台资企业"富士康"在3个月之内连续发生十余起员工跳楼自杀事件导致社会舆论沸腾之际。这样的出版安排，是为了进一步放大学术议题的社会效应。

另外，《开放时代》还寻求与海外有关刊物的合作，如与UCLA历史系黄宗智（Philip Huang）教授主编的 *Modern China* 合作，由《开放时代》同步发表 *Modern China* 专题文章的中文版，"中国国家的性质：中西学者对话（一）"（《开放时代》2008年第2期）、"中国改革往何处去：中西学者对话（二）"（《开放时代》2009年第7期）、"宪政、改革与中国国家体制：中西学者对话（三）"（《开放时代》2009年第12期）等专题文章就是因此而来的。

2. 开放时代论坛

从2004年起，《开放时代》原则上每年主办一次"开放时代论坛"，时间定在每年11月的第1个周末，为期一天半至两天，人数在25人左右。每届论坛的主题不一，参加论坛的学者也不一。前三届论坛由《开放时代》杂志社独立在广州举办。此后，中国一些较著名大学的研究机构或者院系，表示希望与《开放时代》合办"开放时代论坛"。所以，从第四届起，"开放时代论坛"的举办地点便处于流动状态。

从2004年至今，共举办过七届"开放时代论坛"，第八届"开放时代论坛"正在筹备中。各届"开放时代论坛"的主题、合作方、时间、地点分别是：第一届论坛主题为"大学改革与通识教育"，2004年11月，广州；第二届论坛主题为"中国学术的文化自主性"，2005年11月，广州；第三届论坛主题为"作为学术视角的社会主义新传统"，2006年11月，广州；第四届论坛主题为"共和国六十年"，与复旦大学合作，2007年11月，上海；第五届论坛主题为"中国乡村研究三十年"，与山东大学合作，2008年8月，济南；第六届论坛主题为"古典西学在中国",与云南大学合作,2008年12月,昆明;第七届论坛主题为"中国海外研究",2009年11月,广州;第八届论坛主题为"中国非正规经济",与北京大学合作,2010年11月,北京。

每年年初筹备"开放时代论坛"的首要工作是确定论坛主题,操作的程序是,由编辑部向《开放时代》学术委员发信,征询他们对论坛主题的建议;有时也由编辑部预先提出一到两个备选的论坛主题,再向学术委员征求意见。编辑部根据学术委员的反馈意见,决定新一届论坛的主题。之后,向学术委员以及研究领域与论坛主题相关的学者发出邀请函。我们在选择论坛主题时主要基于如下三点考虑:一是必须具有前瞻性,在论坛开过后,可能引起中国学术界的后续关注,并开启出一个新的学术议题;二是必须具有跨学科讨论的空间,可以让不同学科背景的学者参与讨论;三是必须具有将社会议题转化为学术议题的可能。如"大学改革与通识教育"是对应于社会舆论对中国高等教育产业化和过度实用化的抨击,"中国学术的文化自主性"是对应于社会舆论不满于中国学者在解释中国转型与变迁时照搬照抄西方理论,"作为学术视角的社会主义新传统"是对应于社会舆论对中国社会主义实践的简单化理解,"共和国六十年"是对应于社会舆论将中华人民共和国前30年和后30年加以割裂的习惯性思维,"古典西学在中国"是对应于社会舆论对"西方"的简单化理解,"中国海外研究"是对应于在中国崛起的背景下社会舆论对发展中国家的认识误区与盲点,"中国非正规经济"是对应于社会舆论对弱势群体、边缘群体以及地下经济网络的关注。

每年第一期的《开放时代》都会以"专题"形式,大篇幅刊登"开放时代论坛"的讨论内容,并同步发布在《开放时代》网站（www.opentimes.cn）上。一般情况下，中国国内的有关学术网站都会及时转载。此外，如果有就论坛内容进一步加以讨论的后续来稿，《开放时代》还会在当年度继续以"专题"形式刊发。

经过七年来的坚持与努力，"开放时代论坛"已经成为《开放时代》杂志之外的另一个独立品牌。学术界也已习惯去期待新一届"开放时代论坛"将提出什么主题，习惯去关注新一届"开放时代论坛"讨论的内容。现在，已有越来越多的大学或研究机构向《开放时代》表示合作举办"开放时代论坛"的意愿。

三 从中国看中国

要认识中国社会变迁的脉络和复杂性，就需要学习从中国的角度看中国。作为观察、研究社会问题工具的社会科学，本来就是从西方引进的。在中华人民共和国前30年的历史中，社会科学被视为"资产阶级思想"而遭到废止。中国实行改革开放政策后，中国社会科学界急于与西方社会科学理论接轨，导致"西方视角"在中国学界的泛滥，对发现"中国问题"形成一定程度的遮蔽。所以，如何从中国的角度看中国，的确需要一个学习的过程。这个学习的过程，也可以说是中国社会科学本土化的过程。

中国学者做引进、评述或研究西方社会科学理论的工作，这当然不可缺少，但它并不能表现中国的社会科学的研究水平。在"社会科学本土化"的感召下，有人开始关注并分析本土的资料，但其所拥有的依然是"西方"的视野，其所问的问题依然是西方学术界所建构的问题意识，这依然谈不上是社会科学本土化。更进一步，也有人敢于挑战西方的社会科学理论，他们推崇中国经验的独特性，并试图找出西方社会科学理论不能做出恰当解释的中国社会现象，从而对西方社会科学理论提出某些批评或作局部观点的修正。这种做法，算不算是"社会科学本土化"的努力？依然不是。因为那些所谓的独特的"中国经验"之所以能进入这些研究者的视野，实在是由于他们还是以"西方"的视野"发现"了"中国经验"的独特性，至于这些独特的"中国经验"在中国社会里如何获得"同情"的理解，依然不在他们考虑之列。上述情况无不表明，当前中国社会科学的研究事实上存在着西方的话语霸权。这种话语霸权与中国社会科学界的"自我殖民"倾向相结合，在一定程度上消解了中国问题本身的重要性。所以说，"社会科学本土化"的关键在于确立"中国问题"的主位意识，而不是仅仅把精力花在寻找中国经验的独特性然后将之作为西方社会科学理论的注脚上。值得一提的是，强调"中国问题"在社会科学研究过程中的重要性，与一般所谓的"中国特有"论无关，更不等于提倡建立自我封闭式的社会、文化概念体系。事实上，"社会科学本土化"这一提法本身，已明确表明其所指是西方社会科学知识如何落实于本土，如果它是与西方社会科学无涉的知识，自然也就谈不上"本土化"问题。

在中国，"社会科学本土化"这一提法饱受争议，有人干脆将之等同于"封闭"。《开放时代》作为一本有活力的社会科学期刊，不想以推进"社会科学本土化"标榜自身。但是，《开放时代》敢于强调，中国学者应该树立中国的问题意识，并以向外界传递中国学者的声音自许。

基于上述立场，《开放时代》近五年来刊发了一批力图"从中国看中国"的论文，内容包括："中国社会主义新传统"

"中国社会主义的转型""中国道路""中国价值"。"中国社会主义新传统",分析 1949~1979 年即共和国前 30 年的社会主义实践过程中积淀并为 1979 年至今的共和国后 30 年所承继的丰富的制度及观念资源,即中国社会主义新传统;"中国社会主义的转型",回顾并反思中国改革开放的路径选择及策略运用,重估社会主义制度对中国转型发展的积极意义;"中国道路",基于全球视野及当今世界政治经济发展格局,对共和国 60 年尤其是后 30 年的发展道路的独特性予以确立;"中国价值",在中国经济崛起的背景下,展望中国文化的前景,彰显中国价值。这批论文包括:

A 中国社会主义新传统

作为学术视角的社会主义新传统

从"根据地经验"看中国社会主义新传统

社会史视野下的中国革命

"社会主义新传统"中的艺术与政治

苦、思想权力与革命教化——北方土改期间的"翻心"实践

政治与生活:土地改革中的革命日常化

中国革命及社会主义实践议题的谈论方式

去政治化的政治、霸权的多重构成与六十年代的消逝

文革研究对认识中国社会的意义——一种国家与社会的视角

B 中国社会主义的转型

"文革"为何结束

"文革"时代的地下手抄本

"八十年代"是如何被"重构"的

在实践中认识社会主义及其转型逻辑：中国经验

从社会主义趋同到分岔的转型策略

"循序渐进"还是"平行推进"——论体制转轨最优路径的理论与政策

走出黑暗——中国的各种转型路径

中国异乎常规的政策制定过程：不确定情况下的反复试验

基于中央选择性控制的试验——中国改革"实践"机制的一种新解释

从历史和比较的观点看中国改革

改革中的国家体制

C 中国道路

威权体制是如何运作的

基层政府间的共谋现象——一个政府行为的制度逻辑

研究中国政治秩序的新方法

常态社会与运动式治理——中国社会治安治理中的"严打"政策研究

转型期中国公共意识形态政策的议程设置

国际发展视野中的中国经验

中国经济腾飞中的分级制政策试验

"中国经验"与"比较优势"

共和国一甲子探讨"中国模式"

关于"建国60周年"和"改革开放30周年"的两种历史叙述

跨越左右分歧：从实践历史来探寻改革

"市场化三十年"：理解改革，解释发展，寻求突破

共和国六十年：回顾与展望

D 中国价值

寻找一个新世界：中国近现代对"世界"的理解及其变化

中国海外研究

重塑国家精神：从小国心态到大国理性

走出"民主"迷信

全球化时代的中国价值

中国学术的文化自主性

连接经验与理论：建立中国的现代学术

建构中国身份

普世文明，还是中国价值——近十年中国的历史主义思潮

在中国的社会科学期刊界，《开放时代》被视为一本"另类"的学术刊物。这主要是因为《开放时代》敢于打破学科界限，敢于将敏感但其实已无多少政治禁忌的中国现实问题设置为学术议题。与其说《开放时代》是在挑战中国学术界和期刊界的惰性，不如说是在期待中国的社会科学能够自觉地回应中国的社会转型，成为中国人理解和展望中国社会转型的有效视角，并将"中国经验"转化为全球化时代的人类知识的一部分。

（原刊韩国《东方学志》2010年12月）

"耶和华的日子（Jehovah's Day）的到来，恰如夜贼悄然而至……但你们却不在黑暗里……因为你们全是白昼的儿子。既不属于夜晚，也不属于黑暗。"

我们是白昼的儿子

Jehovah's day is coming exactly as a thief in the night... But you are not in darkness, so that that day should overtake you as it would thieves, for you are all sons of light and sons of day. We belong neither to night nor to darkness. (1 Thessalonians)

2002年4月14日,正好是我到达波士顿后的第二个星期日,迎春的花开得四处都是。在 Massachusetts Avenue 两侧,餐馆打开了在雪冬里关闭已久的通门,浓香的咖啡从中溢出,溶进透明的春光。这是我与 Alicia 的第一次见面。二十多年前,Alicia 大学毕业后随丈夫从菲律宾移居波士顿,她的丈夫在哈佛和 MIT 获得双硕士学位后参加了美国空军,Alicia 说,自己似乎在一步一步地贴近想象中的美国梦。但有一天,她被告知丈夫因飞机失事牺牲了。"Chong,不要期待未来,也不要为明天忧愁,因为明天自有让你忧愁的事情"。我望着门外窗前的盎然春意,为 Alicia 低缓平静的述说暗暗吃惊,这与我所熟悉的大多数中国人的"未来观"完全两样。不过,如果了解了她是一位怎样的基督徒,也许就不会把她的这番话视为所谓的"消极悲观"。

Alicia 所属的教派叫"耶和华见证人"(Jehovah's Witnesses)。1872年,少数基督徒由于不满天主教对《圣经》的随意阐释,于是结成一个专注于《圣经》研究学习的组织,叫"International Bible Students",据说其创立者是一个名叫 Charles Russell 的美国匹兹堡服饰经销商。1931 年,他们采纳了一个来自《圣经》的名字——耶和华见证人("You are my witnesses," is the utterance of Jehovah, "even my servant whom I have chosen."——Isaiah)。现今,该组织在世界 235 个国家和地区(包括香港和台湾)传道,会众(Congregation)约 600 万人,但尚有 28 个国家和地区禁止其入境传教。"耶和华见证人"的世界总部设于美国纽约,并在世界各地设有 100 多个办事处。总部负责督导普世的会众,确定每周供会众唱颂的赞美诗曲目和供会众学习的阐释《圣经》的文章篇目,并编辑出版两种免费派发的半月刊——会众每周末的学习材料《守望台》(Watchtower)和平时的阅读材料《警醒》(Awake),并以世界上 148 种语言版本同时发行,平均每期印刷数量高达 25600000 册。全球各地"耶和华见证人"周日聚会的时间统一定为上午 10 点,此时,Alicia 总是脸带微笑,在我耳旁悄语:"Chong,你知道吗,全世界的兄弟姐妹都在唱同一首歌,学习同一篇文章。现在!现在!"

Alicia 说自己是在 Bathroom 里找到了耶和华。十多年前,两位"兄弟"(男基督徒)上门给她已成年的儿子辅导《圣经》,她在浴室里伸长耳朵听了半小时,泪流满面。在她旁听了第二次传道之后,就决定接受浸礼。此后,Alicia 的工作从 Full Time 转成 Part Time,她想把更多的时间奉献给耶和华——"耶和华见证人"希望尽可能上门辅导别人学习《圣经》(Bible Study)。Alicia 所在的 Cambridge 教区分出 100 多个小区域(Territory),每个"见证人"负责一个小区,并每 6 个月轮换到另一小区。所有的"耶和华见证人"总是穿戴整洁,彬彬有礼地敲门,微笑地劝人参与《圣经》学习。若三次敲门而无人应答，则可暂时放弃，留待 6 个月后由另一位"见证人"造访。如果"见证人"因病入院，就把医院当作临时的 Territory；如果"见证人"年迈体衰，就通过写信、打电话辅导他人学习《圣经》。事实上，大部分"耶和华见证人"都是上了年纪的老者——在飞雪漫天的 Cambridge，两位略显背驼的老太在雪地里相互搀扶，白色世界里有她们鲜红的围巾，她们是前往辅导《圣经》学习的"耶和华见证人"，我在 2002 年深冬所见的这一幕，已成无声处难以释怀的画面。

在"耶和华见证人"那里，每个成员都是志愿的传道员（Publisher），有一部分传道员又分为四种："辅助先驱"（Auxiliary Pioneer）、"正规先驱"（Regular Pioneer）、海外传道员（Missionary）和"特别先驱"（Special Pioneer），其划分依据为传道员每月所能奉献的时间，分别为 50 小时、70 小时、常年在国外传教和 130 小时。Alicia 现在属于"正规先驱"，就是说，她除了为谋生而在公司里上半天班（财会工作）外，平均每天至少还要用两个多小时从事《圣经》学习辅导工作。我问 Alicia："这些《圣经》学习者的年龄、职业、文化、性别构成如何？"她满脸疑惑："Chong，你为什么有这个问题？"我说："如果你知道了这些情况，可能会有更好的传教效果。"但在 Alicia 看来，她每周花一半时间给人宣讲《圣经》，这是在帮助耶和华，而并非在做自己的事，所以不必问个人的选择性。她举例说，一个 10 万人的公司，准备给每个人发 1 支笔，1 个好的管理者也许会买 15 万支笔回来，以备有的人丢了或用坏了笔。传道也是这样，应面向所有的人，不必问对哪些人传道可能更有效果。耶和华认为，不管是野草还是禾苗，得等它们生长成熟到自然形成区别后再分别对待，不应在其幼苗时就加以认定。Alicia 很有兴致地向我了解在中国居住生活的各项费用并学舌"你好""谢谢""再见"的中文发音,她期待自己能成为 Missionary,也期待能来中国,辅导人们学习《圣经》。Alicia 说她去过香港,偶有谈到香港,她总是微笑着眯起双眼,沉浸于中国美食的色香味之中。

"耶和华见证人"每周聚会的固定场所不叫教堂(Church),而统一叫作"王国聚会所"(Kingdom Hall),目前全球共有 93154 所 Kingdom Hall(其中台湾 61 所,香港 45 所),没有常见的十字架,没有哥特式的尖屋顶,没有色彩缤纷的玻璃窗,更没有上帝耶和华(Jehovah)和耶稣基督(Jesus Christ)的任何挂像,他们大概欲以此首先在形式上与其他"错误宗教"(如天主教)划清界限("耶和华见证人"认为,他们被天主教视为异端甚或"邪教"的任何言行,事实上都依据于《圣经》)。就在一座座从设计到施工全部由"见证人"亲手建造的朴素无华的被 Alicia 称为《圣经》学习的"Classroom"里,除周日聚会外,还有周四晚的旨在培训"见证人"改善传道效能的传道训练班(Ministry School)和示范传扬《圣经》的服务聚会(Service Meeting),此外,"耶和华见证人"还分成若干小组,每周六上午集中于此钻研《圣经》(往往是一年才精读深解一个篇章)。对"耶和华见证人"来说,深深尊重《圣经》是纯真宗教的表现,他们相信《圣经》所说的一切话,相信《圣经》是正确知识的唯一来源,人所面对的所有问题、困惑,都可以而且也应该从《圣经》中寻找答案,《圣经》就是他们的"Manual"(指南宝典),他们的一言一行都称得上是严格的引经(《圣经》)据典。虽然他们也是基督徒,但他们不过圣诞节,因为《圣经》里找不到对圣诞节所做的任何表述。我猜想,可能没有哪一个教派的一般信徒会比"耶和华见证人"更熟悉《圣经》了。每当我向 Alicia 提出某一问题,她总是不加思索地喃喃自语，说出《圣经》的某一篇章某一段落，在那里，有现成的答案在；若是我对 Alicia 的某个说法表示赞叹，她总是及时纠正道："Chong，这并不是我的观点，而是耶和华在《圣经》里显示给我们的。"在 Cambridge（哈佛大学所在地）Kingdom Hall 二楼临街的小房里，从 2002 年 4 月 22 日到 2003 年 6 月 20 日，每周三下午两点到六点，Alicia 为我做了超过 200 小时的《圣经》学习辅导，每当我谢谢 Alicia 时，她总是以略带颤抖的虔诚音调低声回应："Thank Jehovah and his son Jesus Christ"。

在离开波士顿整整一年半之后，在 Alicia 曾经踏足过的香港，我终于有机会重拾思绪，记述跟随她学习《圣经》的如下感言絮语。

对许多中国人来说，"上帝"的名字是熟悉的，但"上帝"的形象却是模糊的。即使是基督徒，也可能习惯于以中国的神灵观念去想象"上帝"：威严、法力无边、惩恶奖善、有求必应。但《圣经》里的"上帝"形象却并不尽然。理解、认识《圣经》里的"上帝"形象的过程，也是理解、认识新的"人—神关系"的过程。我不能期望自己在"耶和华见证人"那里所获得的对"上帝"的认识有助于匡正一般中国人的"上帝"观，但起码可视之为一个中国人解读《圣经》的个案。

一　"上帝"高高在上吗？

"耶和华见证人"尤其反感天主教的"三位一体"（Trinity）说，即圣父（Jehovah）、圣子（Jesus）、圣灵（The holy spirit）合一。Alicia 说，《圣经》里说得很清楚，耶稣是耶和华的头生子（Firstborn Son），至于圣灵，那是耶和华的动力（Active Force）。

为什么天主教会犯如此常识性的错误呢？Alicia 解释道，正确的宗教既要"By heart"也要"By mind"，缺了前者无法深刻，缺了后者易入歧途。天主教就是缺了"By mind"。对"耶和华见证人"来说，"GOD"毫无疑义地就是单指耶和华而绝不能包括耶稣，耶和华的权威是至高无上的。他们为了与天主教的上帝分开，平时总是倡议"见证人"宣讲上帝的名字——耶和华，若说到"GOD"，应用"The God"。Alicia 介绍说，在大多数版本的《圣经》里，耶和华的名字被删掉而代之以"主"或"上帝"，可是在写《圣经》之初，耶和华之名出现过 7000 次之多。她反问我："Chong，我们为什么必须说出上帝的名字？"我说："如你所言，人与上帝关系密切。如果你路遇密友但仅说'先生你好'而没说'某某你好'时，你的密友一定以为你在疏远他。"Alicia 对我的这一说法显然极为赞赏，连称"Excellent"，并不时将此说法告知他人。

"上帝"身居天堂，并且连救赎人类的耶稣也必须臣服于他，但他并不"高高在上"。"上帝"是"GOD"，但他同时也是一个 Spiritual Person，人与"上帝"的关系是一种个人性的人际关系，不是"我们"而是"我"与耶和华发生联系，"耶和华见证人"坚决反对把上帝当作人们顶礼膜拜的偶像(Idol)。当然，"上帝"并不是一个普通的人，而是一个 Spiritual Person，所以，人需要通过耶稣与上帝进行直接沟通，耶稣是人与上帝之间的唯一媒介。耶稣说没有人不可以接近耶和华，耶和华说没有人可以不通过耶稣接近我，可见耶和华与耶稣之间的默契。我问："耶和华是全能的（Alicia 插话说有一项是其所不能的，即撒谎），为什么还需要耶稣帮忙？"Alicia 说，不是耶和华需要耶稣，而是我们需要耶稣，并比喻道，耶稣像翻译，也像邮差，如果你想给上帝寄信，只有经过耶稣盖上邮戳

(Stamp OK)之后才能寄达。怎么写信？祷告。祷告就是把上帝当成人的知己良朋，并谦卑地与之交谈，任何对人和上帝的友谊有影响的事，都可以在祷告里提及。Alicia 说，耶和华也具有常人的情感，他可以做你的最好的朋友，能感觉到你所感觉到的一切，而你周围最好的朋友也不能做到这一点。我们所有美好的东西都来自上帝，所以每天都要不断感谢他；如果你做错了什么事，也要及时地向上帝说声"Sorry"，请求宽恕并力加改正，耶和华会为你保密；就像对着你的亲爱的人，难道不需要把自己每天所经历的事及时告诉她吗？只有这样，才能"亲近爱人"（Drawing close to her）。Alicia 坦言："Chong，就在刚过的这一小时里，我已在心里默祷了十多次，耶和华能听见我们心里的默祷。"

"高高在上"意味威严、冷酷，但"上帝"却具有人们期待中的"好人"的品行：富于怜悯、仁慈慷慨、善解人意、敏于宽恕、恒久忍耐。人通过不断祷告，与"上帝"沟通、倾诉，维系日渐牢靠的友情。这与中国人往往把"上帝"视为超然于"人"的喜怒无常得罪不起的神是不同的。

二 "上帝"包揽一切吗？

"上帝"创造了人，但他并不包揽人的一切。在"上帝"所赋予人的种种潜质中，最重要的是"自由意志"（Freewill）。Alicia 说，自由意志是核心（Nucleus）。我已习惯于这样提问：上帝干吗不阻止恶人干坏事？Alicia 说，如果可以的话，耶和华也用不着去阻止，他当初造人时尽造好人就行了。耶和华为什么不能像造机器人一样造人？因为这样会剥夺人的自由意志。耶和华无法阻止人干坏事，因为干坏事也是出于人的自由意志。

也就是说，上帝为了成全人的自由意志，而宁愿不去阻止人作恶。在此，自由意志具有首要价值的地位，而道德上的善恶倒成其次。

为了把自由意志原则贯彻到底，"耶和华见证人"反对人死后还拥有灵魂鬼神、天堂地狱的说法。Alicia 说，因为《圣经》没有这样的说法。《圣经》是有提到灵魂（Soul），人是有灵魂的，但没有说人死后还拥有灵魂。活着的人才有灵魂，灵魂是人活着的必要条件，没有独立于活人之外的灵魂，灵魂就是指活着的人，所以 Alicia 说，只有 Living soul 而没有 Having soul，只能说"I'm a soul"而不能说"I have a soul"；《圣经》也没有提到人死后进天堂或入地狱，而只提到"坟墓"（Grave），说人来自于尘土（Dust），死后复归于尘土——入坟墓。Alicia 说，如果有独立于活人的灵魂，那么，撒旦（Satan）用来控制人的办法之一的招魂术（Spiritism）就可以成立，而人也将因此失去自由意志（Spiritism is one way Satan brings people under his power）。另外，既然人死后化为一抔尘土，当然也就没有天堂地狱之说，所以，人应注重现世。

在现世，人根据"自由意志"而做出行为抉择，应有承担其行为后果的责任。为了人的自由意志，耶和华既不能造"好人"，也不能教人如何抵制撒旦的引诱以免犯罪。耶和华只是在《圣经》里把旨意显示给人，让人知道做好事就会有好结果，做坏事就会有坏结果，并没有强制人们做什么。Alicia 说，耶和华控制一切，但唯独给人自由。我问 Alicia："人们在做选择之前也许已经知道了做坏事有坏结果，因恐惧坏结果的出现而无奈选择做好事，这是不是妨碍了人的自由意志？"Alicia 间接回应道："耶和华从不对人们使用夸大或恐吓的措辞。"我自顾往下说："趋利避害的选择证明了人类行为的理性，当然，并不是由耶和华定下理性的标准，理性乃是每个人自己的理性，这并非有违人的自由意志。趋利避害是人的本能，它同样属于人的自由意志。所以，也许应该把自由意志表述为人的理性选择。"Alicia 罕见地对我的说法保持沉默。当然，我能领会到她此刻沉默的含义：作为个人，她也许赞许我的观点，但作为"耶和华见证人"，她不能随便接受《圣经》里没有记述过的任何说法。

《圣经》里有一段这样的话："The peace of God that excels all thought will guard your hearts and your mental powers by means of Christ Jesus."（Philippians）就是说，上帝会借着耶稣，守卫人的心和思考力。我问 Alicia，为什么要特地提到"思考力"？她说，为了人能展现自由意志，上帝必当保证人不能太愚蠢。自由意志意味着人有正常的智力自由去选择好的或坏的道路，人的过失完全是咎由自取的。并不需要以耶和华之名惩罚人，而是人自己惩罚自己。Alicia 比喻道，虽然"种瓜得瓜"，但往往种"好瓜"得"坏瓜"，此责任在人，如果把什么过错都推给撒旦，那就是"撒旦主义"（Satanlism）。即使邪恶如撒旦，也从不强迫人干坏事，它只是引诱人去干坏事。

可见，在人与"上帝"之间，上帝乃彻底遵循人的"自由意志"原则，从未对人指手画脚，但中国人却乐意委身于一位大包大揽的"上帝"。

三 "上帝"法力无边吗？

"上帝"是万能的，但他并非有求必应，或者说他并非"灵验"。上帝只会垂听正义的人的祷告，作为祷告者，不应说出有违上帝旨意的话，这也是 Alicia 说的"We should only pray for things that harmonize with God's will"。Alicia 说，你甚至可以求上帝关照我们的物质需要，但我们的"物欲"不能基于自私，否则上帝不会应允。我问她："怎么区分 Material needs 和 Selfish？如拥有轿车对美国人来说也许是必需的，但对贫困国家的人来说也许就是基于自私的物欲。"Alicia 说，主要看你所祷告的东西是否服务于耶和华。另外，人们在祷告之后必须为所求的事做出相应的努力，若只坐等其成，那是绝无结果的。

神的灵验还体现为雷厉风行地为民除害。但"耶和华见证人"的上帝却并不然，在中国人看来，这个上帝毋宁拖沓磨蹭、优柔寡断甚至无所作为。Alicia 说，耶和华是宽容的，并不想惩罚人，即使是撒旦，耶和华明知其作恶，也不是在当时当地惩处它，而是有一定的周期或程序，即"上帝"是在其了然于心的"Procedure"中展现其伟力的，这倒像人们常说的"不是不报，时候未到"。所以，在人有求于"上帝"时，必须理解这一"Procedure"，即耐心地等待，不应期望上帝"有求必应"。我问 Alicia："为了避免一些人灰心丧气，上帝能否让人提前知道他的 Procedure？""不可以，这是上帝的秘密——神圣的秘密（Sacred secret），人不应该去揣摩上帝的心思。布什说美国代表着上帝的意志攻打伊拉克，这是完全错误的说法，表明他完全被撒旦控制了。"Alicia 说，我们唯一能做的就是忍耐（Endure），尽职尽责过完每一天。譬如你的手受了伤，医生给你制定了医疗及痊愈的程序，这时你只能按部就班地接受这一程序，因为医生具有你不具备的专业知识。至此，我们也许才能领会到 Alicia 与我初次见面时讲过的那句话——"不要期待未来，也不要为明天忧愁，因为明天自有让你忧愁的事情"。

Alicia 说，人臣服于上帝的理由并不是因为上帝对人"有求必应"，而是因为人是由上帝造的，只有上帝才最了解人的需求、人的毛病，人只有跟随上帝，才能满足需求、治好毛病。就如你买了一部 TOYOTA 的车，你只有找到 TOYOTA 公司的修车点，才可能得到最可靠周全的维护。在"耶和华见证人"看来，不能因为上帝是全能的就要求上帝替人排忧解难。从根本上说，不是人要求上帝干什么，而是上帝要求人干什么——由"耶和华见证人"总部编辑的、供入门者学习的、发行达 5000000 册的一本小册子的名字就叫《上帝对我们有什么要求》(*What Does God Require of Us*?)。Alicia 说，耶和华是我们的父亲，小孩怎么可以驱使父亲呢？

在此，人与"上帝"的关系类似"淡如水"的"君子之交"。但中国人却往往期待"上帝"是一位随叫随到的、"呼风唤雨"的、即刻并且现场惩恶扬善的神。

四 "上帝"非理性吗？

"上帝"时而说一些霸气十足的话，如《圣经》里说，上帝是正义的，他要对不认识上帝的人，对不服从耶稣的人施行报复。这些人会遭受刑罚，就是永远毁灭，从主面前消失（2 Thessalonians）。我问 Alicia，极力维护人的自由意志的上帝，怎么也会如此专断？"当时人类尚处于儿童期，而且主要是针对以色列人说的。"Alicia 接着说，上帝是宽容人的，而且也是合理性的（Reasonableness）。

我跟 Alicia 说，人们相信《圣经》也许并非基于其所涉及的故事是否确切（Accurate history），而仅仅基于个人的主观信仰，因为《圣经》故事的象征意义比是否属实更重要，并援引 19 世纪德国大哲学家康德的观点，他认为应该在理性和信仰之间划清界限，河水不犯井水。Alicia 说，不能受哲学家观点的误导，并马上叫我查阅《圣经》的"Colossians"章，上曰："你们要当心，可能有人用哲学和空虚骗人的话，把你们当作牺牲品掳掠去。"我又转述了中国思想家王国维的名言——"可爱的不可信，可信的不可爱"，Alicia 表示，她赞成前半句，但反对后半句。她说，错误宗教与正确宗教的区别在于，前者是非理性的，只讲感觉（Feelings），导致信仰和理性不一致；而后者是合理性的，讲合理的知识乃至合理的感受（Even feelings also reasonable or in order to be reasonable）。

Alicia 说："耶和华给人创造了脑（Mind）和心（Heart），目的是让人同时拥有知识和感觉。"《圣经》对人心脆弱性的描述基本上与传统中国哲学（不管是儒还是道）相当，即极易被引诱——"人心比万物都诡诈，坏到极点，谁能识透呢"（The heart is more treacherous than anything else and is desperate, who can know it? ——Jeremiah）。所以 Alicia 强调，只有以知识为基础的感觉才不会被引诱。当然，"知识"指的是确切的东西，并非指可能与宗教信仰相冲突的现代科学知识。Alicia 提到马斯洛关于人的五个层次需求（本能的、情感的、社会的、知识的和精神的），她说，许多人是在知识的而非精神的层次上理解宗教，所以才得出宗教与理性不相容的结论。

Alicia 批评以现代科学的眼光贬抑宗教信仰，但她自己却常常运用某些科学知识论证上帝的存在。如她说，你可以看到水，但你不可能看到水的原子和分子，所以，在你看到世界万物时，也不可能看到圣灵，但这不等于圣灵不存在；又如她说，《圣经》说人由土造就，这有科学依据，一是人死后变成尘土，二是人要强壮，就得吃喝许多矿物质（Mineral）；Alicia 还说，达尔文的进化论只是一个得不到证实的假设，如果它成立，那么地球上应该有半猿半人的化石存在，但事实上，科学家从未发现过此类化石。上帝造人是在瞬间全部（As whole）完成的，因上帝早已深思熟虑并作了最完满的整体谋划。我问 Alicia："你这样说，是不是也是用科学的眼光看待信仰？"Alicia 说："不，这表明上帝是合理的。"

上帝创造万物时遵循了合理性原则，所以才有万物的和谐相处。Alicia 说，上帝在缔结社会秩序时也是合理的。《圣经》说，上帝是秩序的、和平的上帝（For God is a God, not of disorder, but of peace——1 Corinthians）。Alicia 问我："上帝威力无限，但为什么不说威力（Power）的上帝，而说和平的上帝？"我说："与威力的上帝相比，我更喜欢和平的上帝。"Alicia 说："这样说不妥。Chong，你知道吗，上帝是同时拥有正义、智慧、爱和力量，只有上帝才有能力，也只有上帝才能知道如何把手中拥有的正义、智慧、爱和力量做最合理的分配，保持一种最好的平衡。而人是无法做到这一点的。"我想，在中国人的神祇世界里，是很难有这样的理性诉求的。

五 人的处境

以上四点，也构成了人的处境。因为"上帝"以宽容理性之道与人相处，所以，上帝并不会包揽一切地随叫随到地解"人"于困境；因为"上帝"并未剥夺人的自由意志，所以，人必须时时为自己的行为负责。另一方面，撒旦作为上帝的反对力量，同样强大，人其实就处身于上帝与撒旦的拉锯战之中——上帝不能强迫人跟随，撒旦却时刻引诱人。更关键的是，人并不能确切知道上帝何时跟撒旦算总账，所以人只能"如履薄冰"——提高警惕，守护自我，时刻关注，等候上帝清算撒旦之日的来临。

上帝和撒旦都是人所不能看见的精神性的存在，上帝身边有天使，撒旦身边有魔鬼。Alicia 强调，撒旦也是一个"god"，同样拥有伟力，只不过耶和华是唯一的真神。因为上帝和撒旦的力量一样强大，导致人时常摇摆不定。Alicia 说，当人有所祈求时，上帝和撒旦会同时知道，上帝只会说"你们跟随我就会如何如何"，撒旦则用各种人最愿意接受的方法引诱人，以显示其比上帝更有力。撒旦是极聪明的，它喜欢告诉人一半的真相，而把炸弹伪装在漂亮的外衣下，所以，人极易随撒旦而去。Alicia 伤感地说："Chong，你知道吗，上帝在天堂希望人听从召唤，而撒旦是在地上拉拢人，多数人会感到撒旦的力量超过上帝，只有很少人是跟随耶和华的。"我想跟她说"是的，在这个世界上，不洁的力量早已超过了洁净的力量"，但我最终没开口。

　　在如此严峻的困境中，人随时都可能犯"罪"（Sin）。这个"罪"并非指谋划与实施杀人越货，而是可能随时发生于任一瞬间。Alicia 说"Sin means missing the mark of perfection"，完美的标准来自上帝，"罪"意味着错过趋向完满，而"罪人"（Sinner）便是不完满（Imperfection）。我问 Alicia："撒旦如此嚣张，而且耶和华又无须顾及撒旦的自由意志，那么，耶和华为什么不把撒旦毁灭掉？""Perfect"，显然她很有兴趣回答。Alicia 对我慢慢道来：上帝创造人之前，先拣选地球的一小部分，并使之成为美丽的乐园（Paradise），就是伊甸园。亚当与夏娃居住其中，上帝的旨意是让他们繁衍人类，然后整个地球都成了乐园。后来亚当与夏娃被逐出伊甸园。但上帝曾经答应过要让人类长久生活于乐园里，为了成全此事，上帝必须把当今地球上的恶人消灭（Wicked people must be removed）。这件事会在上帝终止罪恶的战争中发生，这场战争称为 Armageddon，而所到来的这一天,被称为"耶和华的日子"(Jehovah's Day)。接着,撒旦将被囚禁一千年,只有已经或愿意跟随上帝的人才会继续生活在地球上。然后,耶稣作王统治地球一千年。在王国的千年里,那些死去的原先跟随耶和华的人也会复活,那些正在学习《圣经》,并愿意跟随上帝的人的学习及转化状况如何呢?这需要考试。由谁来测试?撒旦。让撒旦到这些即将成为好人的人面前,看他们是否不被诱惑。这千年对留在地球上的人来说是"Education time",撒旦还有反面作用,需要让他苟延一下(Loose for a little while),不能马上杀死他。千年过后,撒旦就会被耶和华消灭。地球成为乐园,而活着的人则得以永生,地球与天堂已没有区别,共成一个王国(Kingdom),这就是"耶和华见证人"反对人死后上天堂的依据所在,也是"耶和华见证人"聚会场所 Kingdom Hall 之名的由来。我说,能否说如果没有撒旦、没有"罪"也就没有人类的历史,因为没有"罪"意味着所有人都是完满的,意味着任一时段的人类社会是无差别的,历史也就停滞了。Alicia 默认我的说法(因为《圣经》里没有这样的表述)。

Alicia 已把这一过程作了清晰的描述,但是,关于"耶和华的日子"究竟何时来临,没有任何人知道,因为这属于"神圣的秘密"。虽然现在到处都是战争、动乱和疾病流行,有许多迹象表明这一天已越来越近了,即 Going to end of wicked system,但"End"并不是指具体的哪一天。Alicia 说,我们不应去推测这一天的具体日期,"错误宗教"总是对这一天做出种种推测。Alicia 作这样的比喻:你从中国来美国,需要做漫长的准备工作(Long check list),签证,订票,购物,飞行,等等。同样,通往 Jehovah's Day,也是 Long check list;你可以说出孕妇的预产期,你日夜守护,但没有人能说出小孩诞生的准确时刻;你看到杕果树上的杕果,你看着它一天天转成金黄色,但不知道哪一刻真正成熟。Alicia 所举的这些例子都突出了同样的主题,即希望人们对那可预见但又不可坐实的"耶和华日"的到来,时刻等待,警醒(Awake),注视(Watch)。

这样,人的困境乃因人与撒旦并存并时刻受撒旦引诱所导致。但中国人往往把奉神与驱邪并提,这是把人的困境想象为外在邪恶力量的作祟,而并非理解为个人意念和行为的失控。

六 "上帝"有什么"用"

2003 年初夏,Alicia 曾微笑地探询我:"Chong,我想问一个 very very private 的问题,你愿意接受耶和华吗?"我说:"我的心理准备尚不足。""Chong,有的人要做很久的准备,背一大包东西,才旅行上路;有的人带一把牙刷,一条毛巾,背一个小包,就轻松上路了。"Alicia 依然微笑地说着。

我想,在知识和信仰的过渡地带,应该还有一片想象的天空。对我来说,上帝既不是知性的对象,也不是信仰的对象,而毋宁是想象的对象。接触《圣经》,虽然还是一知半解,但似乎已为我搭出了通往想象世界的桥梁。在日益格式化的生活环境中,想象的触须已被科技的利器斩断,那些人类远古的故事、经历、悲喜,那些文明童年的寓言、智慧、文化符码,已全被当作无解的天书甚至荒诞的呓语。

可她们——从柬埔寨逃难出来,用十多天时间穿越原始森林经泰国并最终来到美国的 Sun Ly;略微背驼、英语纯正、父辈从拉脱维亚移居波士顿的 Helen;年轻时酷似电影明星而今满头银发的来自美国 Vermont 州的 Billie Keating;为谋生每年在波士顿工作一个月,余下时间全在厄瓜多尔一个密林深处的小村里传教的 Mary Ann Gifvn；正在英国伯明翰大学读书，利用暑假，准备前往巴西传教，在我经过无数次的 Massachusetts Avenue 上披着灿烂夕阳高喊"Chong, See you in China"的 Emilie Pellaton；还有来自日本冲绳的 Mashako；来自委内瑞拉的 Rose Robinson；当然还有你，Alicia Ocampo——这群热爱耶和华，全力辅导别人学习《圣经》的"Sisters"，依然洋溢热情，充满智慧、执着、镇定、宽容，还有永远的微笑。

2003年6月20日下午两点，是我在波士顿的最后一次 Bible Study，也是和 Alicia 及 Billie 的最后一次见面。我利用这最后一次机会，把最为革命时代的人们嘲笑的耶稣的一句话提出来，问："为什么耶稣说'爱你的敌人'？"Alicia 说，爱有三种层次，最高层的是 Agape，其次为 Phylia，低层为 Anima，耶稣所言，乃指 Agape 层次的爱。她还引述"约翰福音"的一段话说，"上帝是个灵，崇拜他的，必须用灵和真理来崇拜他"（God is a spirit, and those worshiping him must worship with spirit and truth）。我想，当人们习惯以常识和被污染的语词去阅读上帝时，上帝只能被偏见的帷幕重重包裹。

"耶和华的日子（Jehovah's Day）的到来，恰好夜贼悄然而至……但是你们却不是在黑暗里……因为你们全是白昼的儿子。既不属于夜晚，也不属于黑暗。"（1 Thessalonians）我们是白昼的儿子，我们忙碌于光芒四射的常识世界，掳掠财富，觊觎权位，筹划未来。

Alicia 说，因为每个人都有可能走错路，所以应该认真关注眼前的每一天，Don't go too far，未来不是人所能想象所能把握的。我们应该清点（Clean）每一天的生活，就如公司每天都要清账一样。因为我们是白昼的儿子。

在临别的一刻，Alicia 和 Billie 分别握着我的手，她们为我日后的平安旅途祈祷。

是的，我们是白昼的儿子，在我们必须面对的每一天中，白昼世界的乱象与挫折是可以想见的。但是，在这个世界上，苦难并非构成否定"上帝"存在的证据，而恰是需要"上帝"存在的理由。

（原刊《开放时代》2006 年第 4 期）

【附录】世界在触手可及之处
——哈佛访学随感

2002年3月31日美国东部时间下午3时,我所乘坐的班机着陆纽约肯尼迪机场。在转飞波士顿的前夕,我环顾候机大厅,不禁自问道:"难道这就是美国?"这样的疑问缘于我此前对美国过分神秘化和单一化的想象,也缘于我对中国之外的世界的隔阂。

在哈佛访学的一年多时间里,我第一次切身感受到世界就在那触手可及之处。

与许多初访哈佛的人一样,我也惊叹于其忙碌而有序的学术活动,惊叹于其作为世界学术思想工厂的繁荣景象。不管是白天还是夜晚,也不管是餐前还是饭后,总有赶不完听不尽甚至计不清的讲座。当然如果有心去计数,还是可以计数清楚的,因为哈佛每周出版一份免费取阅的四开十六版彩印的"Harvard University Gazette",上面详尽罗列所有学术活动的时间和地点。校园里总是闪现许多疾步看表的人,他们大多是在赶场。因为大部分讲座的时间是交错的,为免遗珠之憾,听众只好串场,为的是聆听世界级学术大师的高论或一睹各国政要的风采。同情于听众在时间上窘迫的主办者有时也会随场提供免费的简单餐饮,但多数情况下,听众要么忍饿听讲要么自携"粮草"入场。此外,还有无数的Seminer和Workshop,前者为研究生开设,后者为某一专业学术圈的人士举办,但只要你得知信息,也可以随便旁听。我即便作为哈佛的边缘人，还是参加了数个每周或每月定期举办的 Seminer，如每周一上午哈佛燕京学社的儒学讨论会、每周一下午人类学系 James Watson 教授开设的 Recent Ethnographies of China、每周二下午社会学系 Martin Whyte 教授开设的 Inquality and Stratification in China、每双周三下午东亚系李欧梵教授主持的"哈佛中国工作坊"以及每月第一个周三晚在社会学系 Vogel 教授家开展的"中国研究组"学术活动。在此最值得一提的是 Martin Whyte 教授主持的 Seminer，他除了在学期初给学生开列一份长达三四十页的必读及参阅著作、论文的清单外，还设计了每周所要讨论的问题（一般五至七个）。Whyte 教授每次都提前一周把问题纲要发给学生，由学生轮流担任每次 Seminer 的召集人、主讲人，其他学生则扮演辩论双方，而 Whyte 教授总在关键时刻适时地予以指点和评论。这出"戏"表面上由学生自导自演，而实际的幕后策划者乃是 Whyte 教授。由此我感受到知识生产与工业品制造一般离不开精细的设计和严密的程序控制，也感受到知识生产的点滴累积与缓慢推进，犹如自然界有机物年长日久、不折不挠的演化生长。

在哈佛校园，还可以充分感受到文化的多元性。每年五月，哈佛举办艺术节，校园里挂着"First Art"的标志，由学生上演的各类节目达三百多场，歌剧、舞蹈、诗歌、电影（由学生自导自拍）、交响乐、爵士乐、合唱、话剧、摄影、各类乐器的独奏等应有尽有。更重要的是可以听到看到来自世界各国各民族的艺术样式。其实，哈佛每天都沉浸于艺术的氛围，每周出版的"Gazette"总是分类介绍本周的大量艺术活动，这些类别有 Concert、Theater、Film、Exhibition、Radio、Special event，等等。我基本上每周都会到 Harvard Film Archive 看一到两场电影，每场费5美元（校外电影院一般每票8美元）。所有电影都是非好莱坞电影，且百分之六七十为非英语国家电影，如南美、亚洲、非洲、中东、北欧及东欧。许多电影产出国的名字甚至前所未闻，细心的人才能从非洲地图上的某一角发现它。Harvard Film Achive 的经费来源于许多基金会的支持，为扩展哈佛学生的文化视野，学校特意派人到世界各地选片，专挑那些非英语国家的非商业电影。往往是租借放映一两场而已，其费用远非每票5美元的映出收入所能弥补。回想时下国内电影院放映清一色的好莱坞巨片，不禁感叹在所谓"信息爆炸"和"地球村"的此时今日，我们的文化视野和心智事实上因商业机制的疯狂压迫而日渐偏狭局促了。我想有正常心智的人是会因此"局促"而"不安"的。

（原刊《中山大学校友》2010年第2期）

"无缘大慈，同体大悲"

去道德化的慈善才是可持续的慈善

新年刚开始没几天,就有一条消息让某些国人"很受伤"。媒体报道说,耶鲁大学公共事务办公室网站1月4日消息,美国耶鲁大学校长理查德·莱文教授宣布,耶鲁2002届毕业生张磊已经承诺,将向耶鲁大学管理学院(SOM)捐赠888.8888万美元。这是到目前为止,耶鲁管理学院毕业生捐赠的最大一笔个人捐款。

张磊1972年出生于中国,1989年考入中国人民大学国际金融专业,1998年申请到耶鲁管理学院读研究生。他学有所成,毕业后到纽约华尔街闯荡,并以横贯耶鲁管理学院的一条道路(Hillhouse)命名,创办Hillhouse Capital Management(高瓴资本管理有限公司)。张磊2005年又回到中国发展,其投资基金运营的总资产已经达到25亿美元。张磊在谈到其善举时说:"耶鲁管理学院改变了我的一生,我在这里学到的不仅仅是金融或企业家精神,还有给予的精神。"显然,张磊的言行表面上还是遵循了"知恩图报"的逻辑。不过,网民顺着这一逻辑,指责他既然生于斯长于斯如今还发展于斯,为何不报恩于同为母校的中国人民大学?激愤之余还对他进行"人肉搜索",声称张磊此举简直是"扒了中国教育的内裤",让中国高校的脸面无处可搁。而蹩脚的评论员则在电视上为张磊和"受伤"的观众打圆场,说张磊其实还是有中国文化情怀的,说"张磊之所以选择捐赠888.8888万美元,是因为数字8在中国文化中有特别含义"，表明他并没有忘本。

"知恩图报"是广为国人欣赏的行为，也是我们所熟悉的慈善内涵。但要解开"张磊捐款门"的情感纠结，还得淡化甚至消解慈善就是"报恩"的传统观念。其实，张磊未必没料到其善举将引发的风波，而此风波也未必不是他所期待的。这样说，不是为了把他坐实为"小人"，而是为了说明：慈善既可以是"报恩"，也可以是"逐利"。从"逐利"的角度看，张磊当然要把巨额善款捐给世界名牌并且在美国上流社会拥有广泛精英人脉的耶鲁大学，而非在世界上籍籍无名的中国的"人民大学"。

"报恩"是基于个人人生亲历中产生的情感冲动，是个体经验性的情感传递，正如复仇是基于"债有头冤有主"一样，报恩也是基于"恩有源惠有主"。报恩逻辑下的慈善事业具有浓烈的道德色彩，是施惠者与受惠者之间的情感内循环。也有的成功者可能实在找不到具体的"恩人"了，于是就"回报社会"，乐于承担"结对子"的"扶贫"义务，但其负面的社会效应是，受惠者往往承受难以偿还的有欠于"恩人"的"人情债"，致使部分受惠者躲躲闪闪，妨碍了爱心善意在更大社会范围内的永续传递与增量流动。这就是报恩式慈善的缺陷。时下的国内媒体仍然热衷于追踪寻找某些匿名的乐善好施者，非得让受助者明白是谁有恩于他，这也从侧面表明我们的社会对慈善事业的认识还停留于传统的框架内。

在"博爱"还不能成为多数人情操的现实中，基于报恩的慈善事业，其善款的来源以及慈善事业的受益面必难获拓展。正因此，与传统慈善不同的是，现代慈善事业并不介意接受具有"逐利"动机的捐款人，只是要求捐款人不要把"逐利"作为捐款时的附加条件。事实上，目前国内的一些民营企业已日渐认识到通过参与慈善事业以提升其社会形象的必要性，认识到捐款行善比在媒体上投放商业广告更"超值"。为此，专为企业筹划并实施慈善公益项目的中介机构也已出现，如设立于上海的 SVG（Social Venture Group）。

在现代慈善的视野里，捐款人和从事慈善事业的机构都不应有道德优越感，而社会，也不应以道德的视角去仰视他们。慈善事业不过是捐款人诉求情感或利益的载体，慈善机构不过是慈善专才的人生职场。去道德化的慈善才是可持续的慈善，才是更可能增进人类福祉的慈善。

（原刊《南方日报》2010 年 1 月 20 日）

哪门子的"诈捐门"

娱乐圈历来是个名利场,有事或者无事生非,都是扬名的一种策略,旁人本不必认真计较。但如果有人拿一些事关社会福祉的严肃话题说事,并将之娱乐化,则另当别论。

比如,近来媒体乐此不疲报道章子怡"诈捐门",说章子怡在"5·12"地震后自称捐款100万元,但实际到账的只有91万元;还有,章子怡在震后往戛纳募捐,曾宣布募到50万美元,并称争取募得100万美元,如今却不知所终。有人据此断定章子怡"诈捐",也有人为章子怡打抱不平,说她即使只捐91万元,总比那些一毛不拔的富人更值得肯定。在此,不管是把章子怡抹黑,还是为章子怡辩护,都涉及我们应该如何看待捐赠的问题。

在公益慈善领域,有个关键词叫"捐赠(人)意愿"(Donor Intention)。做公益慈善的人,首要的工作就是培育、激发、挖掘社会成员的捐赠意愿。发现到捐赠意愿,犹如探寻到矿藏,紧接下来的是,如何以专业手段谨慎谋划,悉心开采。至于能否有效、可持续开采,全取决于开采者的专业水准。舆论非议章子怡"诈捐",表明非议者对公益慈善的认识仅仅停留在传统慈善的框架内,即把慈善行为视为纯个体性的良心发现,把慈善组织视为官气十足的万事不求人的体制内机构。站在现代公益慈善的立场上看,慈善事业也是需要分工协作的,需要制度化的组织行为,需要专业化的技巧,需要产业化的流程,甚至也需要品牌化的包装。而这一切,都需要现代慈善机构认真履行每一环节的职责。章子怡在公开场合自觉自愿表白了捐赠意愿,已然扮演了一个捐赠人的角色,余下的是慈善机构如何细致跟进、沟通、协力。即使捐赠人一时没有兑现承诺,舆论也不应该轻易给人家扣上"诈捐"的帽子,而应该认真反思当今中国公益慈善事业的专业化程度。

如果慈善机构中的专业人士不是以专业化的技巧与策略去落实捐赠人的"捐赠意愿",反而以旁观者或者盛气凌人的姿态逼迫捐赠人乖乖掏钱,并任由舆论苛求捐赠人的道德认知,那么,这与求财心切、缺乏专业眼光和专业手段、滥采乱伐的"土矿主"又有什么两样?至于高嚷"诈捐门"、热衷于对捐赠人严加道德审判的舆论,则无异于教唆"土矿主"干脆将矿脉炸平深埋。在此意义上,章子怡的不幸,不仅仅是她个人的不幸;章子怡的污点,也不仅仅是她个人的污点。正如章子怡经纪人纪灵灵在回应"诈捐门"时所言:"子怡为慈善事业不惜余力,出钱出力,做好事也要被侮辱,太不负责任,太没有道德了!这个社会的正义在哪儿呢?我们心很痛!这样的恶意抨击对社会对大众有鼓励、积极、进步的意义吗?我无语!"

这次是章子怡不幸地被扣上了"诈捐"的帽子,但如果我们不调整对公益慈善事业的认识,不致力于以现代公益慈善的专业规范去组织、动员、挖掘、运作潜藏于当今中国社会的慈善资源,相信那些对公益慈善事业有心但又心有余悸、有力但又力效无门的富人和名人们还会挨"为富不仁"的棍子。中国民间的公益慈善之门才刚刚开启,凡推动中国公益慈善事业者,应以大人不计前嫌、大海不择细流的胸怀,激发、团结来自民间的一切可以激发、团结的慈善力量。"生活中并不缺乏美,缺乏的是我们对美的发现",暂且套用一下这句老旧的名言——

社会上并不缺乏慈善意愿，缺乏的是我们对慈善意愿的挖掘与接纳。

在公益慈善之门的入口处，我们是充当横眉冷对的门卫，还是扮演笑意盈盈的咨客，这关乎这扇大门的开启或闭合。启合之间，能不慎乎？

（原刊《南方都市报》2010年3月31日）

哪个法律可以追究诈捐

昨日,志灵先生著文"有法不依谈何挖掘道德资源",批评我对章子怡"诈捐门"的看法(见"哪门子的'诈捐门'?",《南方都市报》2010年3月31日)。为了进一步达成对捐赠行为的共识,有必要作些回应。

我在文中指出,与其对有捐赠意愿但没有及时兑现捐赠款项的捐赠者进行道德谴责,不如致力于提升中国公益慈善机构的专业化水平,尤其是筹资的专业水平。志灵先生认为,我国《合同法》第一百八十六条第二款规定,"具有救灾、扶贫等社会公益、道德义务性质的赠予合同"的当事人,是不可以撤销赠予行为的。他据此认为,那些没有及时兑现捐赠款项的捐赠者,必须承担起法律责任。

为了给热心公益慈善事业的捐赠者打气,消除他们一不留神就吃官司的隐忧,我不得不查阅我国现行的《合同法》和《公益事业捐赠法》。其实,《合同法》并没有具体规定有赠予合同但又撤消赠予的赠予者应负何种法律责任,也没有规定赠予者与受赠人之间必须签订赠予合同。对此,《公益事业捐赠法》倒有更详细的要求。《公益事业捐赠法》第十二条规定:"捐赠人可以与受赠人就捐赠财产的种类、质量、数量和用途等内容订立捐赠协议。捐赠人有权决定捐赠的数量、用途和方式。"第十三条规定:"捐赠人捐赠财产兴建公益事业工程项目,应当与受赠人订立捐赠协议,对工程项目的资金、建设、管理和使用作出约定。"可见,捐赠人只有在捐赠财产兴建公益事业工程项目时，才被法律要求与受赠人订立捐赠协议。《公益事业捐赠法》第五章专讲"法律责任"，其中只有第三十条是针对捐赠者的，即"在捐赠活动中，有下列行为之一的，依照法律、法规的有关规定予以处罚；构成犯罪的，依法追究刑事责任：（一）逃汇、骗购外汇的；（二）偷税、逃税的；（三）进行走私活动的；（四）未经海关许可并且未补缴应缴税额，擅自将减税、免税进口的捐赠物资在境内销售、转让或者移作他用的"。在此，即使严格遵循志灵先生"依法追究"的思路，我也看不出被扣上"诈捐"帽子的章子怡要负什么法律责任，因为章子怡一没有跟谁签了赠予合同，二没有捐赠财产兴建公益事业工程项目，三没有在捐赠活动中逃汇骗汇、偷税漏税、走私越货。我不知道可以根据哪门子的法，去"依法治'章'"。

志灵先生感叹"有法不依谈何挖掘道德资源"，其实，这句话本身是值得商榷的。今天，不仅官方而且民间，无不陷入对法治的迷信，似乎任何社会问题，都是"有法不依"的结果；似乎任何社会问题，都可以"依法"解决。我想，底层社会民气不振，道德不彰，当与一股脑儿的"送法下乡"有关。民间的复杂性在于，不是依法了，就可以挖掘到更多的道德资源。

志灵先生说"毕竟，法律是最底线的道德，不先守住底线，却大谈特谈道德，无异于缘木求鱼"。这样的断语也并不恰当。历来只说"退守底线"，而鲜闻"先守住底线"。儒者看重道德垂范，常言"中道而立"，做出跃跃欲试的样子，希望有人跟随上来。在开启我国当今公益慈善大业之际，果真有人立宏愿，怀悲悯心，以"缘木求鱼"者的信念与毅力，知其不可而为之，又何妨于你我人等？

（原刊《南方都市报》2010 年 4 月 2 日）

以社会创新带动扶贫创新

自 1986 年我国实施扶贫政策以来,"扶贫"已成为了全社会的共识。在扶贫事业轰轰烈烈地历经了近四分之一世纪的今天,有必要反思扶贫的绩效,调整扶贫的策略。

我国扶贫事业的政策方针是"政府主导,社会参与,自力更生,开发扶贫",简单地说,这是将政府、社会、贫困者、资本(企业)四种力量结合起来的扶贫模式。在 20 世纪八九十年代,这一扶贫模式所产生的效果是有目共睹的,表现为我国贫困人口的大幅度下降。但进入新世纪以来,贫困人口"脱贫"缓慢,并时有"返贫"现象,扶贫事业也进入了"攻坚"阶段。那么,是不是依照原来的策略,只要加大政府投入力度就可以把"堡垒"攻下呢?或者是,将"扶贫进入攻坚阶段"理解为扶贫遇到了"瓶颈",从而需要适当调整既有的扶贫策略?

以广东省为例,目前年人均收入不足 2500 元的贫困户共有 50 多万户、316 万人,以一家 5 口计,这些贫困户的家庭年总收入大都在 1 万元以下。也许有人会说,在经济发达、企业众多的广东,如果这些贫困家庭有一人外出打工,通过打工收入不就可以有效脱贫?这种说法大体上是没有错的。问题是,至今仍属于贫困家庭的最为突出的共同特征是:程度不同地缺乏劳动力——或因家庭成员英年早逝,或因家有体残智障人士。面对今天这一特殊的贫困人群,既有的"自力更生,开发扶贫"的策略也不得不部分失灵——既有的扶贫策略一直倡导"造血",反对"输血",但如果一个人一时失去了造血能力,为了维持其生命,便只能"输血"。换句话说,如果某些贫困户严重缺乏劳动力,与其花大力气对之"扶贫",不如下决心较大幅度地提高农村低保的标准,及时地将他们转为"济困"而非"扶贫"的对象。

再来看看"政府主导""开发扶贫"的策略。目前,广东省仍有3409个贫困村,政府组织了3263个帮扶单位,派出驻村干部8533人,与往年由帮扶单位自筹扶贫资金不同,政府在新一轮的扶贫攻坚阶段还给有关帮扶单位拨发扶贫专款。各帮扶单位的责任是,在3年内,使帮扶点80%的贫困户脱贫。各帮扶单位于是各显神通,但大都采取引入资本(企业)开展产业扶贫的套路。可以说,"政府主导"的力度不可谓不大,"开发扶贫"的思路也不可谓不清晰。但还是有人提出疑问:3年过后,代表政府主导力量的帮扶单位一旦撤走,脱贫户是否会"返贫"?还有,企业并非慈善机构,任何企业都是最大限度地压低成本追逐利润的,有什么办法可以约束企业甘心于专门雇用或者照顾那些劳动力素质不佳的贫困户?

其实,只要我们真正接纳或者进一步放大既有扶贫策略中的另一种力量即"社会参与",也许就可以应对上述的质疑。可以说,虽然"社会参与"一直是我们的扶贫策略之一,但我们似乎只是把"社会参与"理解为动员社会上的有心人捐款捐物参与扶贫,只看到一颗颗孤立的爱心与一笔笔孤立的善款,而没有看到"社会参与"的真正力量在于基于社会网络的组织的力量,没有看到社会创新可能带来扶贫创新。

比如,针对贫困户家庭劳动力不足问题,可否抛开"公司加农户"的资本运作模式,让专业的农村社工以带薪或者志愿者的形式驻村，推动贫困户之间的生产互助合作，及时解决合作过程的矛盾和摩擦，促进相互信任，营造合作文化，并通过生产合作，带动农民参与农村公共事务（如公共卫生、文娱活动）的热情；比如，可否借鉴"社区支持农业"（CSA）的模式，让贫困户的农产品不经过任何商业流通环节而与城市消费者对接（直销）。在组织贫困户开展生产的同时，组建城市消费者网络，让扶贫成为市民的日常慈善，并从餐桌上做起；比如，可否在大学毕业生中倡导"公益创业"，政府对有意于创办"社会企业"（SE）的年轻人，给予资金支持，并要求"社会企业"介入贫困户农产品的生产与销售过程；比如，政府可否以向社会购买服务的方式，将部分扶贫资金向某些 NGO 或者 NPO 开放，接受他们与扶贫有关的项目申请。

由于地理偏僻或有生力量的流失，贫困村的社会生态已显得尤为脆弱。外界力量即使是以扶贫的名义，也需谨慎进入，避免政府或资本对贫困者形成单边"宰制"，导致出现某些"烂尾楼"式的扶贫项目。在此，社会创新带动的扶贫创新，也许可以为贫困者有尊严地脱贫，提供一片较为自在的空间。

（原刊《南方日报》2010 年 6 月 4 日）

长效扶贫需要专业化和社会化

目前,广东的扶贫工作无论是广度还是力度,皆可谓前所未有。在此次的全省扶贫"大会战"中,共有5662个企事业单位和政府部门,以"规划到户、责任到人"的"双到"形式,对口扶持了3409个贫困村。各扶贫单位纷纷斥资派人,在对口贫困村立项目促生产,成效可观,其经验亦可圈可点。

中国的扶贫工作走过了近30年的历程,其间,"输血"式扶贫屡受诟病,并由此引发"输血"与"造血"之争。但不管是"输血"还是"造血",都是由政府部门主导与直接介入。在目前的行政体制下,推动任何一项涉及面广的社会工作,如果离开了政府,的确将一事无成。不过,"政府主导"并不等于"政府包揽"。"政府主导"应该主要是指由政府制订政策、设立目标、配给资源、组织考核,至于人力投入和项目开展,则可以考虑扩大政府向社会购买服务的范围。

此次广东的扶贫工作还别开生面地在省内主流媒体上以"AB"面报道的形式,点名表扬先进,批评落后,以强大的舆论推进扶贫工作。应该说,凡是被上到"AB"面的先进与落后单位,的确与该单位的领导对扶贫工作的重视程度直接相关。不过在"A"与"B"之间,还存在大量成绩平平的扶贫单位,其扶贫成绩不够突出的原因,可能与该单位的领导对扶贫工作的重视程度并无直接关系。换句话说,即使该单位领导高度重视,不见得就真能产生"态度决定一切"的立竿见影式的效果，其可能的原因无非是资源投入的局限。而资源投入包括资金投入与人力投入。在资金方面，如果该单位是收支早已剥离的政府部门或者全额拨款的事业单位，根据审计法规，又不允许将财政拨款移作他用。如果加上该单位的确"无权无势"，也不可能在社会上筹措到额外的扶贫资金；在人力方面，如果该单位的业务范围的确远离"三农"，或者其所派出的驻村干部热情有余而农村工作经验不足，则完全有可能出现"十分耕耘一分收获"的结果。

可以说，目前的对口扶贫，扶贫单位都是在整合本单位的资源，深一脚浅一脚地摸索经验，成效差异颇大。所以，实现均衡化的长效扶贫，需要考虑建立专业化和社会化的扶贫机制，以弥补扶贫工作中人力和资金投入不足的问题。

时至今日，依然处于贫困状态的贫困户大体上都是一些特定的人群，他们或身残智障，或久病无医，或父母一方英年早逝，总之，其家庭缺乏正常劳动力。他们不仅收入低下，而且兼有一定的心理创伤，是典型的弱势群体。对此，扶贫不仅是资金扶贫，而且需要心理扶贫。欲发动他们就地创业，需要开展大量艰苦细致的、有针对性的、深入人心的、程序化的组织动员工作，而这样的工作，并非一般人可以胜任，其有赖于经过训练的社会工作专业人才的介入。可以考虑以政府向社会购买服务的方式，聘请专业的社工人才，在各扶贫单位向对口村派出驻村干部的基础上，另行配备一至两名社工。通过社工的专业化工作，重新焕发贫困户的积极心态，激活贫困村的自组织资源，即所谓"赋能"。否则，如果光给钱给项目，返贫也将在所难免。

而社会化的扶贫不仅是指各扶贫单位各显神通地向社会募集资金，而且指可否考虑将部分贫困村贫困户直接"打包"给社会上的各类公益慈善机构，让这些民间组织也有机会成为对口扶贫单位，而政府也将其与体制内的扶贫单位同等看待，拨给同等的扶贫启动资金，并以同等标准对其加以考核。在此基础上，民间组织再通过其各自的社会网络进一步募集扶贫善款，组建城乡对接式的公平贸易渠道，推动城乡在民间层面的良性互动。这既体现"政府向社会购买服务"的思路，更重要的是可以激发扶贫模式的创新，让更多的人直接参与到扶贫事业中来。

扶贫是奉献爱心、激发爱心、传递爱心的庄严事业。贫困人群的存在固然是社会的缺陷，但也是人类博爱之心的触媒。专业化和社会化的扶贫可以使爱传得更深更广。在此意义上，扶贫事业不只是体制内的工作，它也是社会建设的有机部分。

（原刊《南方日报》2011年7月6日）

告别"以发展代替治理"，培育非营利社会组织

　　自2004年以来，公众对20世纪90年代后期开始的以市场化手段解决诸如教育、医疗、养老等公共产品供给的所谓"改革"颇有微词，这本是公众基于自身利益而对公共政策所作的正常批评。如果人们因此而断言"'姓社姓资'再次粉墨登场"，则是无视常识而热衷于惯行的意识形态话语纷争的表现。当然，对任何社会现象都可以作不同的解读，但与其将公众舆论要求维护民生权益的诉求视为"改革进入了第三轮大讨论阶段"，不如稍稍转换视角，回顾20世纪中国的社会历程，检点以往的社会治理策略。

　　早已有人指出，20世纪的中国鲜明体现了动员社会的特征。不管是战时还是改革开放之前，无不是以意识形态动员作为社会整合和社会治理的根本策略。而从20世纪80年代开启的"市场化"，事实上是在国家的治理资源匮乏而原先的社会治理手段出现严重危机的情况下所作的"以发展代替治理"的策略选择，不少地方官员信奉所有的社会问题都可以通过"发展"而自动获得解决。这样的描述，绝非否定"发展"，更不是反对"改革"，而是为了强调：我们终于到了必须以正常手段认真解决社会治理问题的时候了。

　　"以发展代替治理"的后果是不难想象到的，权贵结合、贫富分化即表明"发展"已经遇到了"瓶颈"——制度资源及

社会资本稀缺,必然导致社会无序和市场无序,这也就是所谓的"政府失效"和"市场失效"。在此背景下,不管是期待以国家权力干预市场的"左"言,还是信奉市场是灵丹妙药的"右"论,都将问题简单化了。在国家和市场不同程度地暂时失灵的时候,我们也许应该想到"第三部门"(third sector)——人们通常所说的"社会组织"。社会组织是非营利地为公众提供服务,所以它不同于市场;社会组织是自愿、自治的,所以它也不同于国家。

也许人们会认为,非营利社会组织都是依赖于个人捐款而得以运作的,当今中国富豪鲜见慷慨解囊,社会组织何以生存?其实不然。研究者的统计表明,在美国、英国、法国、德国、意大利、瑞典、匈牙利和日本八国的社会非营利组织中,私人慈善捐赠占全部非营利性收入的平均比例仅有10%,而41%的非营利性收入来自政府支持,另有49%来自非营利服务收费。接下来的问题是,政府为什么要支持非营利社会组织?政府为什么不直接向社会提供服务?原因很简单,因为社会组织就是社会的细胞,它远比政府清楚地了解到社会肌体某一部位某一时段的特定需求,它在为公众排解忧难时也远比政府及时、有效、低成本。因此,非营利社会组织被称为政府的"替补者"(fill in),而政府对非营利社会组织的扶持也被视作政府向社会提供的公共产品之一。

在社会转型期的中国,公众的诉求已日益多元化,和谐社会的建设需要政府更多关注公共服务质量的提高——具有人性化色彩的公共产品供给。而这并不是"以发展代替治理"的策略所能达成的,尤其是当社会出现被"发展"的大轮甩掉的弱势群体之际。社会的弱势群体之所以在多方博弈过程中处于不利地位,最直接的原因是缺乏组织资源。从实现公平的角度讲,公共财政应向弱势群体作适当倾斜,帮助他们组织起来实现自己的利益。对诸如农民协会、残疾人团体、妇女组织、失业者同盟等,政府都应采取资助的政策。在我们对非营利社会组织的功能尚存陌生时,可以探讨政府向非营利社会组织购买公共服务的运作模式,鼓励非营利社会组织介入社区的服务性事业,诸如社区青少年素质教育、心理辅导咨询、纠纷调解、老年人服务、临终关怀、残疾人康复等,政府以购买服务的方式,拨款给非营利社会组织。当然,所有这一切,离不开政府尽快为非营利社会组织创造宽松的发育环境和足够的生长空间。

一个充分组织起来的社会,其治理成本会很低。我国的政府管了太多"管不了又管不好"的事,即政府的权力过大;民间的空间偏窄,结果常常是疲于奔命却遭到不少抱怨。政府若能实现从"父母官"到"裁判"的角色转换,那么,一个充满生机、具有自我调节能力的"小政府大社会"就会来临!

(原刊《南方日报》2006年3月30日)

以"政府向社会购买服务"方式"办"文化

听闻广东要实施"文化强省"战略,不由想象起政府以往的惯行举措:拨款给文化部门,引进艺术人才,创作文化精品,建设文化表演场所,整一个"政府包办文化"的模式。从各级文化部门属下的文化团体近年来纷纷转制的情况看,"政府包办文化"的模式已然行不通。但如果人们由此断定文化发展必须完全走市场化的道路,则无异于主张政府应该放弃向公众提供公益性文化产品的责任。

所以,不是说政府不可以"办"文化,但怎么个"办"法,却是需要仔细反思与推敲的。简单地说,由政府主导推动文化发展,不应该再走"大包大揽"的老路,而应该将部分"文化工程"分包给社会,以"政府向社会购买服务"的方式,促进文化繁荣。思路的差异,关乎政府提供公共产品的理念。如果把发展文化事业当作政府必须向公众提供的公共产品之一的话,那么,从供给的角度看,到底是由政府做出全盘的生产计划有效,还是社区和民间文艺团体基于具体的文化需求和文化产出能力而直接向政府提出文化项目资助有效?前者是计划经济的模式,信奉政府的计划可以达到最有效的生产与供给,但是,如果我们不是把文化事业仅仅当作城市的一种摆设的话,在公众生活水平提升、文化需求的多元化与社区差异已日益明显的情况下,文化生产与供给的有效性将严重受阻;后者也并非市场经济的模式,而是"政府向社会购买服务"的方式,它可以避免政府计划的盲点，也可以抵制文化产品市场化的霸权，更重要的是，这种文化生产与供给方式是直接扎根于社区的，它既可以生产出适销对路的产品，也可以减少产品的流通环节，实现"低碳"生产与及时供给。

以"政府向社会购买服务"的方式来"办"文化，还可以真正造就文化的活力与繁荣。在20世纪八九十年代，广州俨然是中国流行音乐的中心，各路歌手、词曲作者、音乐制作人云集广州，因为这里有庞大的消费市场，谋生容易。斗转星移，音乐人纷纷"北漂"。在市场机制的作用下，文化中心地位的得与失，往往就是朝夕之间的事情。常常说政府可以矫正市场行为，其实，政府还可以适时地创造"市场"。如果我们把传统意义上的政府"办"文化的部分资金转为政府向社会购买公益性文化服务的经费，并开放给有专业资质的海内外民间文化人或者文化团体来申请，要求他们定质定量定时定点地生产、供给文化产品，那么，只要政府的购买量达到一定规模，广州或者广东再度成为怀抱成功梦的文化人的"南漂"地则并非遥不可及的臆想。到那时，所谓的"创意之都"或者"文化中心"便全在情理之中。

当然，以"政府向社会购买服务"的方式来"办"文化，"办"的是"里子"而非"面子"的文化。在此，新加坡政府2000年发布的《文艺复兴城市报告：文艺复兴新加坡的文化与艺术》或许可供借鉴。新加坡政府提出的文艺复兴计划低调而切实，其中不少项目就是以"政府向社会购买服务"的方式实施，包括：培养欣赏与从事文化艺术的庞大群体，加强青少年的艺术教育；发展超大型文化艺术公司，培养与文化相关的高新技术和管理人才；评估和支持文艺人才；提供良好的文化基础设施；创办有活力的艺术文化活动；等等。为配合"文艺复兴"计划，新加坡政府组织起草绿皮书，推出了"艺术无处不在"计划（Arts Everywhere），目标是把艺术带到新加坡每一个角落，带入人们的日常生活；"巧思妙想"计划（Design Singapore），政府发动一切力量，推动设计业和其他与艺术相关行业的发展；"艺术之旅"计划（Arts Tourism），倡导文化旅游，突出新加坡多元文化形象；"知识新加坡"计划（Knowledge Singapore），致力于为新加坡人民提供便利和低收费的图书馆服务，以求创造蓬勃的求知环境。

文化供给上一味"文以载道"式的灌输说教与一味市场化的媚俗迎合，其实都是无视受众的主体性，无视人的有尊严的生活——前者视受众为必须严加防范的对象，后者把受众当作消费机器与摇钱树。在此意义上，以"政府向社会购买服务"方式"办"文化，或许更加符合"以人为本"的大政方针。

（原刊《南方日报》2010年7月6日）

何时启动"公益创业计划"

"2010百姓创富计划"正式在广州启动了,主办单位希望通过这一活动推动创业氛围,以"创业带动就业",为百姓寻找创业方案。还设想"以创富大赛为主打,在广州、东莞、佛山、珠海中山、客家、潮汕、粤西、粤北等八大赛区举行"。在以富为贵、以富为荣、以富为人生成功目标的舆论下,加上著名经济学家捧场和主流媒体造势,这一活动的轰动效应,应在情理之中。

逐利、赢利乃人之本能。什么样的人能够或者不能够做什么样的生意,只有当事人最为清楚,本用不着高人支招指点。只是商业媒体为了迎合年轻读者的致富梦,便不断地推出立志致富的点子与典型人物。记得今年夏季应届大学生毕业前夕,广东某电视台就报道了广州某商学院的某家庭富有的学生干部出资在校内开服装店的"先进事迹",说该生看到许多毕业生求职时没有"靓装"穿,于是精明地发现了商机,做起了卖"求职装"的红火生意。这则新闻让我心生悲凉,不知道我们的所谓"主流媒体"想向我们的年轻人灌输什么样的价值观。在美国,有一个著名的非营利机构,叫"Dress for Success",可以翻译为"为成功着装"。这个机构也是专门提供"靓装"给那些一时穿不起高档服装的属于弱势群体的女性求职者,只是人家是非营利的。前者是为了实现自己的创业致富梦,后者是为了帮助贫弱者。虽然经营对象和内容大体相同,但一念之差,社会价值观标杆的高低立见。

　　这样说，并非非议立志致富的年轻人。这位年轻人也许也怀有助人的初衷，只是他的"工具箱"里可能尽是来自现实资讯的商业谋略。所以，应该检讨的是长期单向度渲染"致富创业"的媒体，使得"公益创业"的理念缺乏渠道植入人心。也许有人会说，我们现在面对的是一系列诸如脱贫、就业等亟待解决的社会问题，哪有闲钱让你去"公益创业"打水漂？

　　其实，"公益创业"并非不计成本地为他人做好事，而是在做好事和成本之间寻找平衡，即在保持公益性的同时，利用市场原则，向人们提供教育、医疗、环境等领域的产品和服务并获得可持续运作的收入，以传统的企业技术去创造社会价值，以社会利益的原则取代利润最大化原则，其所获得的有限利润也并非进入股东的分配，而是在支付经营者正常工资之后，再投入到企业或者社会。"公益创业"的平台和实体就是"社会企业"，通过建立企业的途径，为处于社会边缘的弱势群体提供就业和发展机会。不讲大道理，单说就业拉动吧。"致富创业"对就业并非真的就有多么了不起的带动。美国学者 Scott A. Shane 在 2009 年发表的一项研究表明，美、德、法等国的创业优惠政策事实上都没有产生期待中应有的就业拉动，他因此认为鼓励更多人创业是一项拙劣的公共政策。而"公益创业"也远非一小撮人的自娱自乐。欧盟最近的一项统计指出，"社会企业"提供了 880 万个工作机会，占到 15 个老成员国授薪工作机会的 8%。因此，德鲁克在《后资本主义社会》一书中预言，"社会企业"可能成为发达国家经济中真正的"增长部门"之一。

　　在今天的中国，千万计学有所长的年轻人无不希望在社会上一展身手，但缺乏资本与机遇的年轻人大多难以在商海中尽情驰骋，只好一辈子籍籍无名，受尽资本的欺凌。而目前缺乏创新的所谓"公益事业"，又总是与"老、少、边、穷"相连，无形中削弱了习惯于城市生活的年轻人的公益热情。如果我们真能将"公益创业"纳入政府鼓励和扶持大学毕业生"自主创业"的范畴，相信会有越来越多的年轻人投身于"社会企业"，因为这既可从中锻炼个人商业能力，又可满足实践公益的高层次的心理需求。

如果能大面积启动"公益创业计划"，使"公益创业"成为大学毕业生流行的就业新选择，必将有助于"公益"更加快捷地走进社会的日常生活，也必将催生出解决社会问题的更多的创造性方案。

（原刊《南方日报》2010年9月21日）

大学作为一个社区

2009年11月12日，迎来建校85华诞的中山大学举办了"中山大学首届全球校友会会长论坛"，77级校友、北京大学中文系陈平原教授发表"校友与大学文化"的讲演，勾勒出校友与大学之间既温情又不无利害的种种关系。不过，广州某媒体为争夺"眼球"，以"陈平原批中国校友会势利，反感筹集经费"为题加以报道。好在《南方都市报》随后发表了陈教授的讲演稿全文（见《南方都市报》2009年11月17日副刊版），让人得以领会到大学作为一个社区的丰富内涵。

不管是来自五湖四海的在校学生，还是毕业后各奔东西的校友，全因彼此拥有一段共同的美好记忆而视母校为一个超越血缘和地缘的精神社区。在这个精神社区里，大家乐以"师兄师弟师姐师妹"相称。而不容回避的是，在他（她）们中间，既有在校时"阔少"与贫寒子弟的差异，更有毕业后人生道路与境遇的分殊。不过，传统所谓的"贫富"乃至"贵贱"观念，并没有啃噬大学作为精神社区的共同体意识。哈佛大学肯尼迪学院的普特南教授著有《孤独的保龄球》（*Bowling Alone*）一书，细说美国社区里因"社会资本"（Social Capital）流失导致社区共同体萎缩的情形。而在大学这一特殊的社区里，即使校友毕业后天各一方鲜有往来，但一旦相见仍情同手足，只因情感与记忆不可抹去。这与其说是"社会资本"的作用，不如说是"心灵资本"（姑且译为"Soul Capital"）的造化。在此意义上，毋宁说大学是当今功利化社会里难得一见的理想型社区。

如果我们把大学作为一个社区看待，则有理由期待其扮演理想型社区的角色，为我们尚待迈步的"草根型"社区慈善公益事业树立榜样，以社区的力量支持社区发展，以"近水"解"近渴"，扶助社区内需及时关照的人群。倘若如此，大学校友会向校友募捐，则大可不必"反感"，也大可不必斥之为"势利"。据说，中山大学已把校友的善款设立为"紧急援助基金"和"校友助学金"，前者用来资助遭遇重大疾病或意外的学生，后者用来资助品学兼优的贫困学子。在中山大学校友总会公布的校友年度捐赠报告中，可以看到既有成百上千万元的巨献，也有区区二三百元的爱心表达，但不论善款多寡，捐赠者一律荣登"芳名录"。中山大学校友总会已在校庆85周年之际启动了面向校友的网上捐款平台，响应者众。所以，陈平原教授说："各大学统计捐款时，往往只说'钱数'，其实还得看'人数'——到底有多少校友愿意参与，这很关键。小额捐款操作麻烦，但很重要，因其培养'心情'，或者说'捐赠意识'。"陈教授所谓的"捐赠意识"其实也是校友视母校为精神社区的社区意识。

常言道"做好事不难，难的是一辈子做好事"，这只是就个人而言。而对社会来说，因一时突发性灾难号召公众捐款不难，难的是在无灾无难的日子里，如何以专业化的慈善公益机构和专业化的技巧（程序）募捐。作为一个社区的中山大学，其所推动的社区型慈善公益事业才刚刚起步，肯定还有进一步专业化的必要，但其透露出的信息无疑具有正面的社会意义，那就是，采集蕴藏于中国社会里的慈善资源，必须从建设社区、提升社区的共同体意识起步。只有这样，人们的爱意善心才会如泉水般淌淌溢出。汶川大地震导致火山爆发式的捐款热潮诚然可嘉，但这并非日常化的可持续的慈善公益事业所期待的。应对突发性灾难时需要"一方有难八方支援"，但日常化的可持续的慈善公益事业应立足于社区，倡导一方有难一方支援；日常化的可持续的慈善公益事业不应有太多的眼泪与悲伤，它只需要平凡人的爱与被爱，只需要社区的活力，只需要冷静而理性的专业化的慈善公益机构。

大学是现代社会里的知识生产基地，更是凸显人文理想的标杆。我们把大学视为一个社区，是因为我们可以对大学有多一层期待，期待她教书育人，也期待她教书，育人，育社会。

（原刊《南方日报》2009 年 11 月 20 日）

为佛门进入社会提供公共空间

1987年前后,我在时尚的行列中唱着台湾女歌星苏芮的《奉献》:"……雨季奉献给大地,岁月奉献给季节,我拿什么奉献给你,我的爹娘……"其实,按汉代大儒董仲舒的说法,"大地"也是可以并且应该奉献给"雨季"的——"地出云为雨,起气为风",此乃(天经)"地义"。

20年后,2007年5月,我路过台湾省花莲县秀林乡佳民村的"慈济精舍",那是被台湾《天下》杂志于2001年11月公布的"美感大调查"评为"台湾最美的人"的证严法师带领信众、开启"慈济"救苦救难的善行大业的始发地。1963年,26岁的王锦云落发出家,成为一名比丘尼,法名证严,其师父开启她的第一句话是"为佛教,为众生"。在佳民村苦修的证严呼吁30位信众,每人每天上市场买菜时先在竹筒内投入5角钱。由于响应者日众,终在1966年成立"佛教克难慈济功德会"。从此,"慈济人"秉承佛陀"无缘大慈,同体大悲"之精神,人伤我痛,闻声救苦,四五百万"慈济人"致力于慈善、医疗、教育、人文四大志业,以及骨髓捐赠、环境保护、社区志工、国际赈灾的工作,此被称为"一步八脚印"。

从台湾返回广州之后,那批不畏艰辛、排除万难,及时地、持续地在台湾及世界各个角落发光发热的"慈济人"的身影仍在眼前晃动,而同时晃动的影像还有:少林寺一炷6000元的"高香陷阱"、高悬于南普陀寺大雄宝殿的"热烈祝贺南普陀寺获得全国宗教系统创收第一名"的大红横幅以及"高价香"在全国各地某些商业色彩日益浓厚的著名寺庙里的袅袅燃起。这样的影像交织令人意念错杂——佛门，究竟是敛财的机构还是布施社会的平台？当虔诚的信众习惯于"我拿什么奉献给你，我的佛门"时，庄严的佛门是否应反躬自省："我拿什么奉献给你，我的众生？"当僧人劝询信众"你拿什么奉献给佛门"时，不是信众个人而是社会舆论，该不该质问："那么，你拿什么奉献给我"？

在中国佛教的演进历史中，"三衣一钵"、靠他人供养的现象，被本土化佛教禅宗的"一日不作，一日不食"的农禅清规所取代。那时，佛门既是贫弱者的心灵依靠，同时，贫弱也被视为佛门的本色。如今，名刹中的僧人既不事农作（当然已无寺田可耕），也无须外出化缘，因为寺门内不仅有大批见佛便拜的普罗大众，更不乏接踵而至的达官巨贾，佛门的供养早已不成问题，并一改贫弱的形象。其实，并不是佛门不可以向信众聚财（所谓"广种福田"）、发展寺院经济，而是必须像"慈济人"那样坚持"诚正信实"原则，定期公布善款账目，以非营利的宗教法人的运作规则自律，以各种形式回流社会，赈灾济荒、捐资助学、治病救人及从事其他各项慈善事业，使佛门在一定程度上发挥社会财富再分配的"蓄水池"作用，真正践行佛陀的救世精神与慈济胸怀，提升寺院经济的公共意义，将基于佛门－信众之间的功利型因果福利观转化为基于佛门－社会之间的施舍性慈悲福利观，凸显佛教的社会功能。

当然，制度型佛教行善模式的建立，有赖于我们进行制度创新，让佛门依法拥有"宗教法人"（相应于"社团法人"和"财团法人"）的身份。否则，在佛门善款日巨而又缺乏制度性监管及回流社会的制度性渠道的情况下，佛门不仅难成提升德行、化育人心的庄严之所，反而存在坠入浊流、污染世风的危险，其对社会信任及人性善根的伤害将无从估量。

证严法师说："世上有两件事不能等：一是孝顺，一是行善。不管路有多长，时间有多充裕，考虑的因素有多少，有些事是不能计划、不能迟到的，马上出发吧！给生命一个更好的承诺！"

马上出发吧！给佛门提供其进入社会的足够的公共活动空间。果真如此，不管是佛门对信众，还是社会舆论对佛门，都可以友善、坦然地问一声：你拿什么奉献给我？

（原刊《南方都市报》2007年9月2日）

谁妨碍了我们对乞丐施以温情

是谁，妨碍了我们对乞丐施以温情？"市民"在媒体上说"现在假乞丐太多，怕被骗，怕同情心被利用"；市政当局则不断呼吁市民联合抵制假乞丐，"减少市民的随意施舍，挤压乞讨行为的利益空间，让他们讨不到钱"。更有言之凿凿者，所谓"如果是假乞丐，其行为属于欺诈，积累到一定数量可以治罪判刑"。上海市民政局可谓急"市民"之所急，率先发行《识别假冒者》，该书"指南"上赫然写着"在城市流浪者大军中，有一些职业乞丐专门在猎取市民对他们的同情"，并且配了图———一对老夫妇将钱递给一位咧着嘴笑的乞丐，图片的文字说明更是铿锵有力："识破他们的诡计，他们终将无计可施！"

可是，正如我们不会有"假的粗劣产品"的说法一样，"假乞丐"之说也是不能成立的。粗劣产品本就是不合生产标准的，它没有仿冒名牌，何假之有？而乞丐，原本就不需要具备任何的准入技术或标准，其仅需具有这样的一种心理素质：牺牲自己的尊严换取他人的施舍。如果说有"假乞丐"，只能说他"虚假地牺牲自己的尊严"。但这种说法不仅不便测量，而且也无从成立，因为"尊严"的获得是社会、他人的赋予，只要乞丐遭到了路人的白眼、轻视，他就确确实实地失去了社会尊严。所以，有"假公安""假医生""假学者"，但若说到"假乞丐"（那些被犯罪分子操纵甚至致残的街头乞讨儿童另当别论），不知其"假"从何而来？

在哈佛大学的哈佛广场附近，每逢车流遇红灯，总有一个六十上下的男子胸挂书有"越战老兵"的纸牌，昂首挺胸，以均匀的步伐从车旁走过，愿者给一两美元，不愿者拉倒。看他一脸的傲气，简直不屑于牺牲自己的尊严。但是，不会有人认为他是"假乞丐"。

在日本东京的武藏门地铁站内，三三两两或卧或坐着一些乞讨的男子。我问陪同的阿古教授："日本政府没有把他们纳入社会福利的保障对象吗？"阿古解释说："有的，不过他们喜欢自由流浪的生活。对他们来说，乞讨是一种生活方式，他们有权选择。现在有些白领因受不了工作压力，也加入了流浪汉的队伍。"看着匆匆赶路的人不时丢下些钱币，我想，他们没有被当成"假乞丐"。

在我国，民间一直流传有观音菩萨化身乞丐的故事。这故事不知传了多少年，但人们不会把观音菩萨视为"假乞丐"，而是说成"观音菩萨在考验世人的善心"。

所以，当媒体和市民对市政当局"抵制假乞丐"的呼吁作百般应和的时候，我只能不情愿地相信如此冷酷的事实：是现时世人的善心经不起考验，而不是"假乞丐"骗走了我们的同情！

人虽然天生地具有善意与同情心，但善意与同情心不过是潜在的种子，它需要培育，也需要激发。即便是崇奉性善的儒者，也十分强调对良知的引发。一个无以引发良知的社会，肯定是病态的。而乞丐，作为社会文化生态的一部分，若有任何正面作用的话，就是起到引信的作用：在熙攘的路途，随时随地引发并考验人的善意与同情。这样，良知也就进入"良性循环"的再生产过程。而现在，良知的生产似是不幸地踏上了

"恶性循环"：因为世人的良知受到蒙蔽扭曲，乞丐再无法如从前一般轻易得到路人的同情施舍，只好在牺牲自我尊严的同时再假以种种辅助手段，如声称失窃、患病、含冤、蒙难等，而他们因此又被时人斥为"假乞丐"，遭到时人更决绝的蔑视并拂袖而去。更骇人听闻的是，有人在动用"国家机器"，压制"良知"的再生产。

天有病，人知否？面对这样的社会病态与良知困境，与其众口一词斥责"假乞丐"，不如躬身自省：对乞丐（哪怕"假乞丐"）的施舍，究竟是对贫弱者的扶助还是对自我良知的超度？

致力于训练更多眼科医生而让盲人复明的国际NGO"奥比斯"（Orbis）别出心裁地做了一幅广告：画面的上方是一个左眼失明的女孩，旁边写着"不要捐助她"；画面的下方是一位满脸微笑的健康男子（未来的眼科医生），旁边写着"请捐助他"。这本是一出公益广告，但"奥比斯"依然免不了遭受舆论批评：当我面对一位盲女时，为什么"不要捐助她"？你为什么要以效益原则约束我，剥夺我随时随地施舍他人、展现良知的机会与权利？

是的，任何人（包括权威的市政当局）都不应以任何借口（如整洁市容，如谨防受"假乞丐"的骗）劝阻或妨碍人们在其日常生活中展现本已岌岌可危的良知，因为说到底，施舍乞丐并非社会性的"扶贫工程"，而是个体化的良知实践，它不需要长远的效率考量，而只需要当下的自我确证。

"与穷人一起面对贫穷和苦难，让所有人都得到尊重和关怀"，这是香港乐施会的立会宗旨。我想，这"所有人"，当包括那些愿意把善心与良知付诸穷人的人。

（原刊《南方都市报》2007年2月18日）

堂皇的想象或概念总是抽象的，它是蒙住我们双眼的黑布条，让我们看不到那个南下少年林东贵，那个下岗工人王娟，那个进不了养老院的李阿婆；让我们看不到他（她）们身为小贩，他（她）们的权利在哪里？他（她）们营生的空间在哪里？

　　小贩，在资本的强权话语下，在"市容"的想象空间里，没有位置！

富士康"连跳"的软着陆

富士康"十一连跳"之后，总裁郭台铭面对媒体说"除了道歉还是道歉，除了痛惜还是痛惜"，一句轻飘飘的表白；郭总裁声称"十一连跳"与管理无直接关系，深圳市政府新闻发言人则对政府未能制止连续坠楼事件深感不安，希望富士康提升管理水平，一种软绵绵的反应；来自中国最高学府的心理学专家受郭总裁之邀，空降深圳，会诊富士康，放言富士康员工的自杀率远远低于全国的自杀率，一个冷冰冰的结论。在诸如上述轻飘飘、软绵绵、冷冰冰言论的背后，传达的是同一个认识：企业员工自杀，是员工个人心理失衡所致。资本家、政府新闻发言人、专家都不愿意去触碰"个人"之外的任何问题，在这种类似"共谋"的遮揿下，年轻的生命尽管接连纵身而跃，沉重的肉身尽管叩击坚硬的地面，却依然得不到应有的回响，有如砸在一堆厚重的棉絮上。

这种软着陆的残酷性还进一步表现在，郭总裁决定不惜代价，在富士康工人宿舍区广铺"爱心网"，他说，"我们的宿舍会安装天网、地网和隐形防护网，总面积可能有150万平方米"。十余条工人生命消逝的代价，换来的不是对工人劳动权益的提升，反而是对工人的进一步规训，资本的天罗地网，让抗争彻底失重。

于是，在富士康"连跳"惨剧不断上演之际，有人反而变本加厉地沉迷于对"第二代农民工"的"娇贵化"想象——自杀是个人心理脆弱的表现，是因为他们吃不了苦。可是据报道，富士康工人每月休1天，每天工作12小时、休息（如厕）10分钟、吃饭1小时，工友室友互不认识，工作不能说话，焊点需读秒。如此牢狱般的管制，有哪位心理坚强者可以以此为乐？富士康流水线上的普工，月基本工资只有900元，如果没有没日没夜的加班，连最基本的劳动力再生产都无法维持，有哪位身强力壮者可以长期承受此血汗压榨？当富士康工人说"还不如那台机器，它至少还有声音，我连话都不能说。它至少还有价值，我却分文不值"，当工人完全异化为劳动机器甚至连机器都不如时，又有哪位斗志冲天者可以把自己当作人？所以，对工人"娇贵化"的想象，就是对"血汗工厂"的美化；而对"血汗工厂"的美化，就是对劳动价值和人的矮化。

对他者生命的尊重，源于我们对生命的共同敬畏，也源于我们对自身生命尊严的捍卫。我们反对任何人以任何方式自我了结生命，不等于主张当生命饱受摧残时放弃冒死抗争的权利，更不等于主张每个人的生命可以罔顾自身的尊严与权益而甘愿作为仅仅是被抚慰的对象。如果工人冒死抗争仅仅换来"个人心理危机"或者"社会转型问题导致"的解读，如果以为靠上千名心理医师进驻企业开展心理危机干预就可以避免悲剧重演，如果我们无力改变目前的"代工"模式以及工人连劳动力再生产都维持不了的被严重剥削的现状，那么，对在流水线上苦苦支撑着的工人越是精致的心理抚慰，就越是将工人塑造成为更加安全可靠的被压榨对象，就越是意味着社会再一次集体放弃了对何谓"有尊严的生活"的反思与追求。

在即将结束本文的写作时，再度惊悉富士康的第十二个工人又从高处坠落，富士康已然是"连跳"事件的直播现场。不改逐利本性的富士康，也许正在谋划让"连跳"软着陆的更加巧妙的公关策略。而我们，应该勇敢地撤去富士康铺就的那堆厚重的棉絮，以对"连跳"事件的建设性反思为起点，在全社会达成"劳工神圣"的广泛共识，让有尊严的生活从有尊严的中国劳工开始！

（原刊《中国经济时报》2010年5月28日）

从"最低工资"到"生活工资"

我们讲"幸福广东",首先应该考虑广东的特殊性,即广东是"世界工厂",珠三角有数千万的外来工。外来工虽然不是户籍意义上的"广东人",但他们"幸福"与否,直接关系到"幸福广东"的建构。我们在推进"幸福广东"时,能不能提出"生活工资"的概念,而不仅仅是停留于"最低工资"的水平上。

最低工资主要是根据劳动力市场的价格来决定的。从企业主的立场讲,他巴不得工人的工资越低越好。但如果这样的话,这个社会是会随时爆发冲突的。所以,才有政府出面干预,规定"最低工资"。

最低工资制度本是为技术水平低下、最没有竞争能力和谈判能力的低端劳动者或个体劳动者而设计的,是劳动力市场上劳动力价格的最低级次。对绝大多数新生代农民工来说,目前的"最低工资"事实上只够他自己一个人在打工地开销,即所谓"劳动力生产",而根本无法在打工地安家育儿,即所谓"劳动力再生产"。最低工资是国家干预下的工资,但如果最低工资标准只能使劳动者在打工地工作而无法正常生活着,无尊严与幸福感可言,这样的低标准肯定需要提高,如香港最近实施的最低工资标准就是按1个工人供养3个人来计算。

但即使最低工资制度设计得再完美,标准再提高,执行得再到位,也不能彻底解决劳动者不断分享企业经营成果和经济发展成果问题。这是因为，一味提高最低工资标准，可能会抹杀劳动力市场劳动力价格基于各种制度或环境因素可能存在也应当存在的级差，社会上大部分劳动者的工资收入水平不应当是最低工资水平。从外来工的工资收入现状看，即使是"有良"企业，也只是参照"最低工资"标准发薪。所以，我们应当利用各种方法和手段，限制最低工资的适用范围。

引入"生活工资"概念，似乎是解决工资问题的另一条出路。建立生活工资制度，通过政府干预或者劳动者的集体力量获得生活工资，劳动者可以生活得更幸福，更有尊严。

自20世纪90年代起，"生活工资"（living wage）的概念受到发达国家众多支持社会制度改革的政治家、社会组织的热烈倡导，生活工资运动进行得如火如荼。所谓"生活工资"是指，一份不仅能保障劳动者和他所要抚养的家庭一定水平的温饱，同时能提供健康、有营养的饮食，能满足正常的社会交往需求，承载对未来稳定合理的预期，使得劳动者免于承受长时间的生存压力的工资。生活工资既能保障劳动者的温饱，又能为他们提供发展机会，总体而言，可以达到"准小康型"的生活水平，相比最低工资更接近政府所承诺的"幸福、有尊严"的生活目标。数量庞大的底层低收入劳动者的工资无法承载"幸福、有尊严"的生活目标，劳碌而低贱的生存状态暗暗埋下影响社会稳定的不安种子，这值得政府高度重视。

生活工资制度并非对最低工资制度的取代。最低工资制度保障的是劳动者基本的生活需求，覆盖范围广，具有强制性。而生活工资制度并非对所有企业都具有强制性，例如，在美国，生活工资目前只覆盖承包政府外包项目的企业，或者接受政府资金资助的企业等与财政资金有关联的企业。生活工资制度构建的意义更多在于为最低工资标准的设定提供参照，促使最低工资标准提高到合理的水平，使广大劳动者的生活更接近"幸福、有尊严"的目标。当然，在符合我国国情的前提下，可以考虑在承包政府外包项目的企业中、国有企业大量的劳务派遣工人中执行生活工资标准，以点带面，促使全社会工资水平的提高。

对拥有两亿多农民工的当下中国来说，"生活工资"也许还只是一个不能马上全面落实的梦。但是，有了梦，才能有绵延的生活。我们应该给在打工前线苦拼的上亿年轻的中国人一个梦，让他们有朝一日能够分享到盛世中国的实惠。

（原刊《南方日报》2011年7月27日）

小贩不是都市的敌人

没有小贩的都市？在哪里？2004年11月27日下午，我在香港北角的一家书局，费60港元，买了这本由香港乐施会资助、一个名为"街角"的NGO在2000年编辑出版的不过百余页的《没有小贩的都市？》。年轻的店员听着我夹生的粤语，说："你是内地来的第一个在这里买这本书的人。"封面是暮色中灯火璀璨的香港立法会，锋利得像一把刀的中银大厦，配上小贩们炒栗子、卖鱼蛋牛杂的黑白小照，这样的气氛，正好烘托编者写在扉页的一段话："小贩可能是你的邻居或亲戚朋友，你亦可能是他们的忠实主顾，你可能嫌弃他们，但你还是会忍不住帮衬。他们最大的敌人却是伟大的特区政府！难道香港真的会变成没有小贩的都市？"

事实上，任何伟大的市政当局想象一个没有小贩的都市的过程也是把小贩妖魔化的过程：小贩们脏、乱，是城市的污点，影响市容；小贩们道德低下，坑蒙拐骗，是人群中的毒菌，侵损社会肌体。一句话，小贩理当并且活该被赶尽杀绝。看看城管战士怒目冷眉剑出鞘的大无畏做派，听听城管长官"如果太温和，城市管理整治会不到位"（这是广州市城管支队支队长在被记者问及"城管执法发生暴力事件"时的答复，见《南方都市报》2006年12月4日）的硬朗表态，就可以推想小贩几乎蜕变成了"敌人"。

可是，小贩不过是一群这样的人：他（她）们没有资本，只能小打小闹，自雇劳动；他（她）们边缘，弱势，面对庞大的国家机器，他（她）们只能在偷来的时间，偷来的地方偷偷摆卖；他（她）们本分，勤劳，踏实，用劳动，换取维生的资费，获得做人的尊严。他（她）们是来自北方乡村十五六岁的少年林东贵，怀揣初中或高中的一纸文凭，在南国少有的寒风里，惺忪路灯下，将飘着香气，存着余温的烤红薯，递给冬夜的路人；他（她）们是大城市老街区的下岗工人王娟，工厂倒闭了，库存积压的毛巾或皮鞋，成了她的实物工资，毛巾或皮鞋摆在闹市一隅，兜售给进不起商场的天涯沦落客；他（她）们也是与你同住一条街巷的孤身一人的李阿婆，因交不起入住养老院的月资，阿婆蹲在对门的马路，守着面前的一把葱，一堆姜，还有三五条喘着粗气的白鲫，阿婆说："同志，嚟（你）话（说）点（怎么）揾食（谋生）？"

堂皇的想象或概念总是抽象的，它是蒙住我们双眼的黑布条，让我们看不到那个南下少年林东贵，那个下岗工人王娟，那个进不了养老院的李阿婆；让我们看不到他（她）们身为小贩，他（她）们的权利在哪里？他（她）们营生的空间在哪里？借用我们最熟悉的一句话，"生存权是最基本的人权"，那么，究竟是生存权紧要还是"市容"丢不起？

解开蒙住双眼的黑布条，渐渐的，阳光不再炫目。我们看到了"市容"。"市容"，谁的"市容"？"市容"不过是面子工程，政绩就写在涂脂抹粉的"市容"上。对"市容"的维护充满了资本对公共权力的围追堵截，也充满了公共权力与资本的联姻共舞。扫荡小贩后的空间，被拥有资本的人占据，起豪宅，设超市，那是繁荣的象征，也是"市容"的亮点。小贩，在资本的强权话语下，在"市容"的想象空间里，没有位置！

1998年，香港临时市政局给每个自愿放弃流动小贩牌照者

3万港元补偿金。"街角"的人说，这是"政府进一步以威迫及利诱的手段对付小贩"。2006年，广州市城管支队支队长表示，"可考虑在内街内巷等特定区域开辟'特区'，给'走鬼'开绿灯，一来解决部分群众生计问题，二来遏制乱摆卖的蔓延"。小摊小贩们，不管你是想做"威迫及利诱"下的"叛徒"，还是欣喜于获身份平反后的部分有生计问题的"群众"，都得明白：我们身处的都市，早已被规划为没有小贩的都市。

（原刊《南方都市报》2006年12月14日）

希望所有人有尊严地活着

毋庸置疑，不管是党报还是商业化运作的媒体，它们都是党的喉舌。同时，媒体也是人民的传声筒，因为党不仅代表特定阶层（如工人和农民）的利益，也代表最广大人民的根本利益。在网络时代，纸媒不再单单是一帮记者和编辑的"工作单位"，也是广大人民联合发声的舞台。它，真正印证了"人民的眼睛是雪亮的"这一箴言。

一般情况下，底层民众是鲜有话语权的。幸好，商业化运作的媒体发明了一个重要概念，叫"报料人"，卖浆引车者之流只要有心，都可以充当"记者"，荣登纸媒体的"大雅之堂"。不过，在权力与资本的厚重帷幕下，凡人肉眼的观察力有限，其所能挖掘到的"猛料"也少得可怜。幸好，借助网络，商业化运作的媒体无远弗届地将"报料人"队伍扩大到网民，凡人肉眼不及之处，尚可赖"天网恢恢疏而不漏"的"网眼"，如陈Sir所言，"要真玩网络，谁玩得过良心正义才华一样不缺的千千万万个网民？"

面对新的媒体格局，面对新的社会舆论场域，媒体事件的当事人（官员或者平民）显然还缺乏应对的经验（哪怕形式主义的官话、套话、"外交辞令"），结果出现如广州市政府副秘书长吕志毅在接受媒体就番禺垃圾焚烧发电厂风波采访时生硬的回应——"我不知道""这事以后再说""这是胡说八道"。问题是，在"搜索引擎"强力无比的网络时代，官民之间信息不对称的格局已得到大大扭转，"我"（官）不知道，但"我"

（网民）知道。如果"我"（官）真的不知道，那是你的失职；如果"我"（官）出于隐瞒而故意说"不知道"，便为公务员条例所不容。其实，媒体或网民与官员较真，并非仅仅是为了追究官员个人的责任，而是为了鞭策官员在公众场合更好地树立政府形象，塑造政府的社会公信力。一个缺失政府公信力的社会，是政府的不幸，更是社会的不幸，公众的不幸。所以，无论官民，都应该像爱护自己的眼珠一样爱护政府的公信力。

在"新媒体"辈出而且异常活跃的今天，传统媒体因为与"新媒体"的结盟而被赋予了新的活力和新的功能，在媒体的统一战线中，网民的言论是游离式的窃窃私语，从台下转到桌面，形成看得见摸得着的社会舆论压力，有赖于传统媒体的收集与放大。在海量的网络言论与网络社区行动中，收集什么与放大什么，无不彰显着传统媒体的权力－力量（power）。也因此，传统媒体应谨防"网民暴政"，慎用经由"人肉搜索"而得的素材。这考验着媒体从业者的心智与良知。可以说，媒体自律与官员自律同等重要。在"转型期"的中国，并不缺人神共怒的社会事件，也不缺某些官员拙劣的表演与掩饰。只要媒体从业者本着为党负责、为人民负责、为社会负责的理念，尚不至于在"新媒体"的喧嚣声中丧失选择素材的能力。

作为统一战线的媒体，意味着媒体监督新时代的来临。到处都有媒体的触角，到处都有自发的眼线，到处都活跃着媒体的"轻骑兵"，时刻准备让真相和正义飘扬。在人民共和国朗朗乾坤下，我们希望所有人都能活得有尊严，我们希望所有人都能有尊严地活着。我们不希望官员"夹着尾巴"做人，我们希望他们与所有洋溢朝气、充满正义的人民一道，堂堂正正地做事！

（原刊《南方都市报》2009年12月5日）

仇富重罚与知耻自爱

5月1日,新的《中华人民共和国道路交通安全法》正式实施。8月15日起,公安部在全国开展为期两个月的整治酒后驾驶交通违法行为专项行动,之后又宣布将原定10月15日结束的此专项行动延至12月底。这本来是一项极为寻常的法规实践,却激起媒体(包括互联网)近半年来有增无减的报道与谈论热情。

对媒体上有关此事的新闻事件与言论,可做如下归纳:被曝光的酒后交通肇事者要么是富人,要么是公务人员,而车轮下的冤魂要么是学生,要么是贫弱者。这些非富即贵的权势者往往呼啸而过、扬长而去,甚或显富摆阔、仗势欺人。面对这一连串足以令人拍案而起的事件,有良知的人自是口诛笔伐。媒体还传达了进一步的信息,即此类事件屡禁不止。在此情形下,舆论一致呼吁加大对酒后驾驶的惩罚力度。根据《中国青年报》公布的一份民意调查,64.6%的人赞成将"酒后驾驶罪"纳入刑法;55.9%的人认为应该增加酒后驾车的罚款数额;54.7%的人要求将企事业单位负责人酒后驾车行为纳入企事业单位不良诚信记录;31.7%的人主张一次酒后驾车终身禁驾。

媒体的报道总是有选择的,在商业取向下,报纸要好卖,必须考虑受众的好恶。而当前,仇富俨然是受众中较为普遍的心理。所以,在全国每日为数不少的被查处的酒后交通肇事案件中,如果肇事司机仅仅是平民百姓,媒体是没有兴趣去穷追猛打的。媒体的商业取向无可厚非，但其在迎合受众仇富心理之后，引发出对酒后驾驶进一步重罚的舆论导向则并非不需要省察。

媒体的报道其实只是事实的一面。事实的另一面是，随着汽车逐渐进入寻常百姓家，大批的驾驶人士并非权贵之流，而是当今中国社会中日益壮大的白领或中产阶层。根据我个人观察，此项法规对这批人士的威慑力以及他们对此项法规的自觉遵循程度，可能是以往任何新颁法规都不可比拟的。在交往应酬或是叙旧话情的宴席间，"喝酒不开车，开车不喝酒"已成时下罕有不必讨价还价的具有公民意识的共识与默契。为何此项法规具有如此奇效？并不是因为白领们的自律能力或法制意识一定就比别人强，而是因为他们畏惧在缺乏权贵关系网疏通以及在交警大力度查处下，可能被坐实的"拘留15日"的严重后果。假设只是被罚款或"扣分"，哪怕多么苛厉，也不至于就令行禁止。因为被罚款或"扣分"只是个体与交管部门之间类似于私了的交易，但"拘留15日"则不同，它完全可能演变成广为人知的事件。加上"拘留"一词所具有的符号化含义，被"拘留"往往意味着个人行为不仅践踏了道德底线，而且突破了法律底线，它的社会后果不是导致个人蒙羞那么简单，而是更严重地导致个人遭耻。在"羞""愧""耻"等咎由自取式的挫败心理感受序列中（"辱"与"冤"一样，是属于被动式的挫败感），"耻"所带来的挫败感是最为强烈的。

白领或中产阶层中的驾驶人士对新交通法规的态度，也许在一定程度上再次诠释了孔子"知耻近乎勇"的说法，也再次印证了"隆礼"与"重法"并重的必要性。"隆礼"是为了"明耻"，人而知耻，方能自爱、畏法，"重法"也方有其威慑力；一味"重法"而无"礼"，只能催生无耻的亡命之徒，"重法"也奈何其不得。明乎此，我们当有必要省察并解构目前浮泛于媒体有关酒后驾驶的"仇富重罚"逻辑，有必要引入"知耻自爱"的立法取向，稍稍从"严刑酷法"的法律迷信中醒来。

（原刊《南方日报》2009年11月4日）

从网络民意到网络民主

民主政治的过程不仅是公民自下而上争取自身政治权益的过程，也是政府自上而下铺设民意路径、架构民主制度的过程。

网络世界既是虚拟的社区，同时也是匿名的社会。经由网络收集民意，不失为了解民情的新途径。致力于建设"惠民之州"的惠州市委、市政府因应时势，开通"惠民在线"，书记、市长亲自触网上线，并制定包括在线交流机制、信息收集机制、信息处理机制、信息反馈机制和宣传预告机制在内的"惠民在线工作方案"，按照汪洋书记提出"党委政府与网络社会之间应构建起制度化的沟通渠道和机制"的要求，在网络民主建设方面，做出了一系列可贵的探索。

从判断民意真实走向的角度看，网络民意还是需要加以分析的。首先，网民之"民"仅指有条件且有兴趣使用网络之"民"，他们主要是生活、工作于城市或镇街的中青年人，网络民意往往反映特定阶层的诉求。其次，网民之"民"也是匿名之"民"，匿名状态下的意见表达可能更无忌而真实，但也可能更分散、更舞台化而趋偏激。所以，网络民意尚需与经由传统民意收集渠道（信访、书面或电话反映）所获的民意加以比较分析，互证及相互发现可能被遮蔽的社会边缘及弱势阶层的民意。

因为网络民意有其自身的局限，所以，不应将网络民意的收集等同于网络民主，或者说，应该将网络民意的收集工作进一步往网络民主的建设方向全面推进。若上升到网络民主的高度，则需正视如下问题。第一，网民政治权利的落实。网民的政治权利包括对公共事务的知情权、表达权、参与权、监督权和管理权。网民政治权利的落实，也是为了让更多人参与到公共政治生活中来，充实民主政治基础，在全社会达成广泛而稳定的政治认同，回应多元社会的利益诉求。第二，网络民主的制度建设。网络民主的制度包括政务公开制度、对话协商制度、民意收集制度、决策和立法的意见征询制度、公开听证制度和重要会议旁听制度等。政治参与与民主的制度化建设成正比，制度化的民主可以保证政治参与的有序化，也可以防止过激言论对民意的伤害。

在网民拥有表达权之后，需重点解决网民对公共事务的知情权，要大力推进电子政务，扩大政务公开的内容范围，包括与民生密切相关的公共财政预算方案；在网民拥有知情权之后，需重点解决网民对公共事务的参与权和监督权，可以网络直播的方式，推出视频政务，在线报道公开听证会和事关民生的重要会议，同时进行决策和立法的意见征询。政府有责任为网民的政治诉求创造条件、提供信息并搭建制度平台，在网民民主意识的培养、民主运作的训练和民主程序的完成方面，投入人力、物力和财力。民主政治的过程不仅是公民自下而上争取自身政治权益的过程，也是政府自上而下铺设民意路径、架构民主制度的过程。

（原刊《南方日报》2008 年 11 月 10 日）

"两会"的议程设置也需创新

一年一度的全国"两会"无疑已越来越成为我国人民政治生活中的一件大事，也是公民（代表和委员）有序参与政治的重要体现。每逢"两会"，会场内代表和委员的参政议政热情高涨，无缘参与"两会"的公众也总是满怀期待，希望代表和委员能够替自己道出心中的诉求与愿望。而媒体的活跃更不用说，多少来自会场内事关国计民生的高论与妙计，经由媒体，及时地满足了公众的知情需求。

俗话说，内行看门道，外行看热闹。今天，随着我国国力的提升和公民对"尊严生活"的向往，人们并不愿意把自己当作局外人，也不愿意仅仅将"两会"视为"热闹"的节日。更多的是，把自己当作国家发展的利益攸关者，愿意从"内行"的角度关注"两会"对重大事项的讨论。

从"内行"的角度纵观横览"两会"期间的媒体报道，发现许多委员只是各说各话，鲜有相互交锋和辩驳。对重大民生问题的探讨，也只是只言片语，鲜有深入和集中。更有甚者，早上刚刚从纸媒体上获悉某委员建议国家应该抑制小城镇而重点发展大城市和特大城市，而中午又从电视上看到某代表力倡发展小城镇。对此，本不必大惊小怪，因为媒体的报道总有各自的侧重点。问题是，这一新闻报道现象的出现，也有不得已而为之的情形。

"两会"的会议形式分全体会议和分组讨论两种，其中分组讨论占去了相当的时段。人大以省、区分组，政协以界别分组。

一旦分组讨论，可忙坏了记者。因为分组讨论并非完全围绕某一固定的话题（审议政府工作报告或大会指定讨论的议题除外），各发言者的发言主题往往并无内容或者逻辑上的关联。为了尽可能不错过来自各个分组的精彩内容，各媒体无不使出浑身解数，记者跑场采访或者干脆在散会时拦截采访是家常便饭，能否捕捉到"新闻点"，取决于记者的本事或者运气。我们从媒体上看到的某项专题报道，大都是来自媒体兵分数路的集体采写和后期编辑。所以，只言片语和"东一锤西一棒"式的报道便充斥媒体。

为此，建议全国人大和全国政协在设置每年"两会"的议程时，在已成惯例的议程安排的基础上，适当增加按专题分组讨论的场次。当然，这些专题都是事关国计民生的社会热点问题，如食品安全、大学生就业、教育均衡化、房价、产业转型升级、"用工荒"等。参加这些专题讨论的代表和委员应不再按省、区或者按界别加以分组，而是将同类内容的提案者或者对某专题有共同关注的代表和委员组织起来分组讨论，并邀请相关的部领导参与对话。这样，分组讨论时必定会有更多的交锋、辩论以及切磋，取长补短，也必定会更加集中而深入地探讨某一问题。这样，就不至于忙坏了记者，当然更重要的是，不至于让翘首以待的公众觉得自己的心声没有借着代表和委员的"金口"得以畅快淋漓地表达。

人大和政协是我国重要的政治制度设计，并且已广为人民群众熟悉与接受，并已成为社会主义中国的宝贵政治资源。开创具有中国特色的民主政治事业，必须从珍惜和善用这一政治资源开始。而创新"两会"的议程设置，无疑是珍惜和善用这一政治资源的重要环节。

（原刊《南方日报》2010 年 3 月 12 日）

我们必须保卫社会

社会在哪里？在邻里或者路人守望相助的每一瞬间。在安宁或者危急的时候，我们能否对他人报以微笑、道以问候、施以援手，以及能否让同情心如鲜花般绽放？友善的社会有如纯洁的空气，我们置身其中，活得健康、高尚，内心充满尊严，她不断培植、生产稀缺性的道德资源；相反，一个屡遭资本和强权挤兑的社会，个人的同情心被啃噬，公共的道德资源被稀释，背叛、猜疑、逃避、利用、孤独、冷漠，在相互强化着，社会的每一成员无不是受害者。所以，我们必须保卫社会。尤其是在保护受污染的自然环境已经成为共识的今天，我们更有必要达成进一步的共识：必须保卫同样受污染的社会环境。

社会环境污染事件时下频频从文明的大都市上海传出，这既是"文明"的吊诡，也是对"文明"的讥讽。早先是上海市民政局煞有介事地编印并向市民派发《识别假冒者》的小册子，号召市民不要对所谓的"假乞丐"施以同情；继而是如今的上海市交通执法部门不甘落后，堂堂一个共和国政府机关，居然将"特务"和小人伎俩制度化，以"钓鱼式"方法查"黑车"，陷善良公民于不义境地——有关工作人员自以为精明，假冒为路边待援的病人，骗取非营运车主的同情而上车，结果反诬车主"非法营运"，喊罚喊惩。（《南方都市报》2009年9月17日、18日）

类似的社会环境污染事件也并非上海独有,如全国各大城市几乎如出一辙地为了"市容"而任城管在光天化日之下对小贩野蛮"执法",他们全然不顾围观的市民,也不顾身为贫弱者的小贩的苦苦哀求,赤裸裸地在公共空间里无视人类的同情心。其实,城管铁青脸孔、恶语相向的背后,不过是对人类"同情心"的逃遁。而此次上海的"钓鱼式"查"黑车",则称得上是将人类的"同情心"视为可以肆意践踏的玩物。作为一桩社会环境污染事件,它,完全够得上"重度污染"。

无良工厂向蓝天碧水偷排偷放污染物造成自然环境污染,是为了减少治污成本而牺牲公众利益;政府执法部门以非文明乃至非法的手段达到其行政目的,则是为了粗化管理程序而谋求"政绩"和个人升迁并最终导致社会环境污染。由于后者往往打着维护公众利益的旗号,所以,这种污染更为隐蔽;更由于后者伤害的是人类内在的同情心——一种同样难以再生的稀缺资源,所以,这种污染也更为深入。对造成社会环境污染的个别政府部门,显然不能像"治污"一样,对排污企业采取"关停并转"的惩治措施,唯一的办法是,让想出馊主意向社会环境"排污"的始作俑者"下课"。

自然环境是脆弱的,经济发展不能以牺牲自然环境为代价;殊不知"人情淡如水",社会环境也是脆弱的,经济发展和社会管理同样不能以牺牲社会环境为代价。在我们多年习惯于"以发展代替治理""以粗暴代表执法"之后,可否稍稍回心转意,从"休渔"和"退耕还林"的政策中吸取些许智慧,再不要在濒于荒漠化的都市人的心田里掘土伐木、扬沙断流。

"必须保卫社会"一语出自法国著名哲学家福柯的同名著

作，福柯讨论的是国家政治和种族政治的大话题。今天，我怀着冒犯先贤的不安，把他的"大题"，"小作"为关注我们凡人赖以生存的日常社会环境的呼吁：必须保卫社会！保卫社会，就是保卫我们每一个人自身！

（原刊《南方都市报》2009年9月19日）

车灯刺不透黎明的雾霭，但这并不妨碍农家学子借着一路擦肩而过的车光灯影，在白日世界尚未来临之际，赶往位于城镇的学校里晨读。我想，他（她）们当是迎接高考的应届高中毕业生，在这忽明忽暗的路途上，他（她）们也当怀揣不灭的大学梦。

　　教育应提供给底层的农家子弟实现社会上向流动的合适台阶，避免以"大学"的名义稀释他（她）们的希望，幻灭他（她）们的梦想。

农村改革须破除制度障碍

2006年2月,中共中央、国务院颁发《中共中央、国务院关于推进社会主义新农村建设的若干意见》,要求"协调推进农村经济建设、政治建设、文化建设、社会建设和党的建设"。时隔半年,9月1日至2日,国务院又在北京召开全国农村综合改革工作会议。这次会议,可视为对今年"一号文件"精神的推进与落实。与惯常所谓的"抓落实"不同的是,这次会议着重强调社会主义新农村建设中的制度建设,即温家宝总理指出的"农村综合改革不仅涉及经济领域的改革,而且涉及政治、社会、文化等领域的改革,是一次重大的制度创新和社会变革"。如果说"五大建设"并举是今年"一号文件"亮点的话,那么,这次的全国农村综合改革工作会议则在"五大建设"并举的基础上再提出农村工作的制度建设问题,从而为我国社会主义新农村建设又添亮点。

我国近30年的农村改革取得了举世瞩目的成就,但以推行家庭联产承包经营为起步的农村改革,却日益碰到了"瓶颈",改革的绩效也日益被削弱,农业增产但农民并不增收,并最终出现广为人知的"三农危机"。这一"瓶颈",就是制度的障碍。而制度的障碍既来自城乡的二元壁垒,又源自我国计划经济时代形成的社会管理方式在农村工作中的沿袭。这也是我国农村改革的艰巨性和复杂性之所在,同时也是"三农"专家呼吁"三农"问题必须在"三农"之外寻求解决办法的原因。

城乡二元壁垒的直接表现就是没有在制度层面上统筹城乡发展，农村的公共产品长期匮乏，而且农村又遭受过度汲取，基层的财政保障能力严重被削弱。如果这一问题得不到解决，即使农民在农业上增加了收入，但农村基层的财政依然会被掏空，农村社会依然会百病丛生。可喜的是，这次全国农村综合改革工作会议着重强调，要以增强基层财政保障能力为重点，推进县乡财政管理体制改革，包括"省直管县"财政管理体制和"乡财县管乡用"财政管理方式改革，以改善县乡财政困难状况，确保乡镇机构和村级组织正常运转，增强基层政府提供公共服务的能力。

我国农村改革的另一制度障碍就是滞后的乡镇体制问题，其滞后性源自计划型的社会管理方式。乡镇的财政本来就像一位积重难返的贫血乃至白血病人，但乡镇的机构却抑不住地膨胀，乡镇的"七站八所"也不断地张开饥饿的大嘴。这样，农民的负担怎能不重？而农业税在全国范围的彻底取消，固然替农民减了负松了绑，但乡镇却更是揭不开锅，其理应有的公共服务职能已形同虚设。如果仅停留在精简机构的认识上谈乡镇体制改革，至多也只是治标不治本的举措；只有从扭转计划型社会管理方式的高度，才能看清乡镇体制改革的目标。所以，此次全国农村综合改革工作会议强调，推进乡镇机构改革，要以转变政府职能为重点，并提出硬性的要求，即5年内乡镇机构编制只减不增是必须坚守的一条底线；上级部门不得以机构"上下对口"干预乡镇机构设置和人员配备；乡镇政府要把不应该由政府承担的经济活动和社会事务交给市场、中介组织和村民自治组织。

从制度建设上扭转国家在农村基层的计划型管理方式，此可以抽象地理解为"放权"。但"放权"并不是简单的"甩包袱",反而是同时使基层财政能力的增强得到了制度的保障。与以往"放权甩包袱"式的改革相比,这样的改革自然令人耳目一新,并从中看到社会主义新农村建设的希望。

(原刊《南方日报》2006年9月5日)

回归"三农"本位,解决"三农"问题

城乡二元体制的长期存在,导致人们多年来一直习惯于接受"跳出'三农'解决'三农'"的观点。在这一观点的引导下,人们有意无意间不敢正视甚至回避广大农村日益"空心化"的残酷事实,而避重就轻地大谈如何通过数以亿计的外流农民工在城市里挣血汗钱以提高农民收入。在我看来,如果信奉这种单一的"增收法",对农民、农村和农业来说,无异于"饮鸩止渴"。

2010年中央一号文件的亮点在于:回归"三农"本位,解决"三农"问题。具体表现为:中央敢于对目前的"三农"形势下这样的事实判断,即"促进农业生产上新台阶的制约越来越多,保持农民收入较快增长的难度越来越大,转变农业发展方式的要求越来越高,破除城乡二元结构的任务越来越重"。怎么办?"一号文件"提出了可谓激动人心的政策目标,即"进一步夯实农业农村发展基础","推动资源要素向农村配置"。这样的提法,是改革开放以来共12个以"三农"为主题的"一号文件"中首次出现的。任何政策的出台都需要基于可行性,而政策可行性又基于时机和实力。"一号文件"将此表述为"农业农村发展的有利条件和积极因素在积累增多"。可以说,今年的"一号文件",落实了五年前十六届四中全会提出的"工业反哺农业,城市反哺农村"精神,标志着"工业反哺农业,城市反哺农村"的国家战略进入了实际操作阶段,也

标志着国家终于有信心也有能力从"三农"自身的发展需求出发，解决"三农"问题。

应该看到，"三农"问题久拖不决甚至愈演愈烈的原因是复杂的，包括城乡二元体制、农业基础薄弱、农村地域广阔、农业人口众多等等。而尤其需要揭明的是，"三农"问题的现状并非仅仅因为政府对"三农"投入不足所致，应该进一步看到，在城乡二元体制的纵容下，资本的力量几乎不受阻挡地对"三农"进行扩张，圈地、瓦解小农经济、吸走农村资金、无良企业欺压农民工、破坏农村自然生态环境，不一而足。在此背景下，农村不仅劳动力外流，而且包括资金等资源要素也外流。于是，一方面是政府不断加大对"三农"的投入，另一方面是资本在逐利本性的驱动下，各种资源要素无法在农村获得配置。

"一号文件"在谈到"推动资源要素向农村配置"时，特别提及"提高农村金融服务质量和水平"，因为正规的农村金融机构大多已沦为在农村的"吸储"机器。目前，提供农村信贷的正规金融机构主要有农业银行、农村邮政储蓄银行和农村信用社。国家金融体制改革之后，农业银行作为国有商业银行，其市场定位发生了根本的变化，业务范围与其他国有商业银行无异，已经完成了从农村到城市、从农业到工商业的转变。伴随这一转变，农业银行大范围撤并了县域内的机构网点，严格限制贷款权限，大都只存不贷，导致农村资金向城市流动。农村邮政储蓄的功能是吸收农村储蓄资金，通过将储蓄资金转存入中央银行，以转存利率与吸储利率的差额作为其收益来源。只吸储、不放贷成为农村邮政储蓄运营的基本特点。农信社是金融支农的主要机构，但其涉农贷款所占比例却呈下降态势，其中农村经济组织和农户贷款甚至负增长。可以说，如果不限制资本力量在农村的扩张，结果可能是，国家给农村"输血"，不受约束的资本则让农村"失血"。这样，农村不日渐"空心化"倒才奇怪。

"一号文件"以"进一步夯实农业农村发展基础"为标题，已再清楚不过地表明了中央对"三农"战略的新的调整，即不再仅仅增加对"三农"的资金投入，而是同时通过构筑强农惠农的政策体系，扭转农村资源要素在资本力量冲击下不断流失的局面，坚决回归"三农"本位，有力解决"三农"问题。这样的决心与举措，在举国破解"三农"困局的征程上，是完全具有里程碑意义的。

（原刊《南方日报》2010年2月3日）

还理性予农民

在现代都市，市长为了全市"奔小康"，强制每家每户购置小汽车，市民为此债台高筑，诉苦无门。你能想象这是真的吗？当然纯属杜撰、荒唐透顶！但是，类似的事情还真是发生了，不过不是发生在城市，而是发生在农村。

近年，广东省英德市政府立下了一条堂而皇之的"执政思路"，名曰"小康不小康，关键看住房"。他们不顾农民的经济承受能力，硬性要求英城镇高塘村农民四处借钱建集体别墅。英德市"第一个别墅式农民新村"诞生了，前来参观的小车一辆接一辆，但身居别墅的穷农民却因官员的"奔小康"工程而赔上了原本衣食无虞的农家生活。

这样的荒唐事终被媒体披露，并一致谴责地方官员不顾农民利益，把"奔小康"工程作为向上邀功请赏的筹码和谋求升官的敲门砖。这种批评不可谓不直接，但我们还是需要进一步反思，即这样的事情为什么总是在农村屡屡发生？原因很简单，一是农民人散言轻，在面对来自官员的不合理要求时，农民们缺乏必要的自组织能力和说"不"的勇气；二是官员们总是把农民预设为缺乏理性的社会群体，似乎农民的日常生计必须由具有所谓的"现代意识"的"领导"进行安排，否则便跟不上"时代步伐"。于是，官员的扰民又多了一种合法性的依据。

但是，扰民的官员不会也不愿去理解生活于社会底层的农民的生存智慧和理性能力。在因人口膨胀而导致各类生活资源严重不足的农村,为了讨生计,农民的理性能力早已被锤炼得极度发达,诸如量力而行、看米下锅、因地制宜、趋利避害等契合理性选择理论的行为准则数千年一直就是农民的生活常识。不是经济学家更不是"领导",而是严酷的生活教会了农民的理性能力。最清楚农民如何生活以及如何生活得更好的是农民自己,因为只有农民自己才最深切地感受到每时每地的生存压力和难题。

当农民无心于"领导亲自抓"的大规模种养业时,并不是农民保守,而是农民比"领导"更清楚也更负责任地看到了区域市场的有限空间和经营风险;当农民拒绝"领导亲自抓"的"现代化改造"工程时,并不是农民愚昧,而是"现代化"离他们过于遥远,他们无力消受;当农民反抗征地时,并不是农民不可理喻缺乏大局意识,而是他们的生计无着,利益落空。

农民有时也会显得缺乏理性,即所谓的"短视",但是,生存环境的差异将直接导致行为预期的不同,被"领导"视为"短视"的行为,也许正符合农民的中长期利益。在此,"代表最广大人民群众的根本利益"将变得极为具体,即必须体察农民的生存处境,理解农民的行为预期,尊重农民的理性选择,并还理性予农民。若剥夺农民的理性能力,若以"领导"的预期取代农民的预期,那么,我们的确必须及时警惕有人以"代表最广大人民群众的根本利益"为幌子,而置农民于更恶劣的生存环境。

还农民予理性,视农民为理性人,这是消除官员扰民的第一步,也是当下建设社会主义新农村的应有共识。

农村义务教育与社会公平

尽管早在 20 年前我国的《义务教育法》就已明文规定"国家对接受义务教育的学生免收学费",尽管"完全免费的义务教育"这句话听起来显得多么拗口和蹩脚,但我仍愿尚存耐心并保有激情地为国家新近的决策叫好——从 2007 年开始,全国农村将普遍实行义务教育阶段学生全部免除学杂费政策,并对贫困家庭学生免费提供课本和补助寄宿生生活费。这是中共中央、国务院在今年"一号文件"中所做的庄严承诺。

国民有权接受由国家提供的义务教育(当然是免费的),这是《世界人权宣言》规定的基本人权之一。而若参照我国国情,在我国农村实行完全免费的义务教育,与其最直接关联的,毋宁是社会公平。

我国城乡巨大差距的形成,固然缘于长期的城乡二元体制,但在此不合理的体制壁垒渐在瓦解(如户籍制度)之际,人们将更清晰地看到,城乡差距的缩小,越来越取决于城乡之间能否实现教育的公平,因为教育的公平决定着机会、就业和收入的相对公平。

所谓义务教育,本是指由国家立法予以保证的由政府举办的强迫性、免费的国民教育。1985 年至 2001 年间,我国实行以乡级政府作为投资农村义务教育财政的主体(2001 年起,主体上升为县级财政),据统计,在此期间乡镇投资的比例高达 78%,在"吃饭财政"的格局下,这个"78%"的投入其实大多来自农民的腰包。所以，在我国广大农村，学校围墙上最常见的标语是"人民教育人民办""家长有义务让小孩入学"，国家将"义务"和责任推给了"人民"和"家长"。

　　问题是"人民"（农民）或"家长"有能力负这个责吗？据我们在江汉平原和广东山区的调查，一个以农业为家庭主要经济来源的家庭，即便倾其所有，也无法承受两个子女同时在读初中和高中所需的学费，孩子辍学，已不仅仅是家长不重视教育的观念问题，而是因为其无力承担子女受教育的经济问题。据统计，在我国的中西部农村，已有5%至10%的适龄儿童没机会入小学，更有15%至30%的小孩未能上初中。目前我国的失学儿童大约2700万（其中绝大部分在农村），占适龄儿童一成左右，已远远超过了我国义务教育规定的农村辍学率控制在3%的标准。我们能想象这么大批未能完成义务教育的农村小孩，可以在未来获得相对公平的就业机会吗？

　　随着中国的和平崛起，不少人以为中国果真成为世界上数一数二的强国。正是在这股盲目高涨的民族情绪之下，这些人恰恰忽视了作为立国之本的中国教育与世界发达国家的差距。远的不提，就与近邻日本比较吧。据统计，中国的初级教育大约相当于日本1900年的水平，落后100年；中等教育大约相当于日本1910年的水平，落后90年；高等教育大约相当于日本1920年水平，落后80年。其中一个重要原因在于中国的教育经费只相当于日本1920年左右的水平，国家对教育的投入严重不足。

　　目前，我国已在西部地区对贫困学生实现免费义务教育，这当然是社会进步的一个重要表现。无论是从落实"义务教育法"、保障公民受教育权、体现教育公平的立场出发，还是从国家的经济承受能力的现实角度考虑，我们都应该尽快在全国

（除农村之外，还包括小城镇）实行完全免费义务教育。据估算，在全国实行完全免费义务教育，国家每年约需投入 600 亿~800 亿元人民币，依我国现有国力，国家是有能力承担这一费用的。

为了确实保障公民教育权，体现教育公平，减缓"三农"问题的压力，我们还应适时启动义务或半义务的国民再教育工程，并将农民工培训纳入国民再教育工程。中国农民工绝大多数来源于中西部地区的贫困农村，他们所受的教育极其有限，许多人是因家庭贫困不得不辍学而成为少年"打工仔""打工妹"的。在我们为国家即将在全国农村实行完全免费义务教育政策叫好的同时，也应让此前未能完成九年义务教育的农民工受惠于"国民再教育"工程。中国农民工数量庞大（约2亿人），而且年纪轻（绝大多数在30岁以下），加上企业唯利是图，完全没有对农民工进行人力资源的投资，农民工别无技艺，只能在工厂的流水线上靠体力吃"青春饭"。一旦年纪稍大，即遭企业解雇。事实上，中国制造业水平的滞后及近年的"民工荒"，完全与我们长期以来缺乏对农民工的培训有关。准确地说，中国的劳动力优势不过是年轻的体力劳动者的数量优势。如果国家再不启动国民再教育工程，并将农民工纳入培训计划，不仅无法实现在农业之外解决"三农"问题的预期目标，而且也是对我国劳动力资源的极大浪费。

也许有人会说，完全免费的义务教育好是好，但目前还是应把追求经济增长放在首位。这种说法，事实上是把公平与效率视为矛盾的两极，似乎为了追求效率，就可以无视社会公平，或者，为了社会公平，就无法实现效率。但是，如果一个社会财富的累积缺乏公平的机制，那么，其所谓的"效率"可能只会是财富两极分化的"效率"——富者愈富，贫者愈贫，其分化速度愈往后愈快速。追求这样的"效率",只能演变成一场人类社会的灾难,即当贫富两极分化到社会所能承受的临界点时(如基尼系数所标示的),如果没有及时发挥社会公平机制介入干预的作用,仇富心理将成为流行的社会心理,社会将动荡不已,这时,没有公平的效率就会被打断。在此意义上,我们可以说,不是公平妨碍效率,而是没有公平就没有效率。当社会财富积聚到一定地步时,我们完全应该反思:没有"公平的效率"是我们所需要的吗?我们要"没有公平的效率"干什么?诚然,"发展是硬道理",但"硬发展"就有道理吗?如果说,中国历史上反复多次的"均贫富"的农民起义及近现代的革命运动,证明了"没有公平的效率"是不可能持久的,那么,西方发达资本主义国家近百年来持续稳定的经济发展则证明了"只有公平才能带来持续稳定的经济效率"。

近百年来,西方发达资本主义国家持续稳定的经济发展,既离不开其自由的市场经济运作,更离不开政府为了社会公平而对社会财富进行二次、三次分配的积极干预政策。当人们说"公平妨碍效率"时,应该是指自由的市场经济运作过程中实现的社会财富的第一次分配(自然分配),如我们所熟悉的"大锅饭"制度已被证明妨碍经济的发展。但由于社会成员的能力(文化资本)、机会、背景(社会资本)不同,其在社会财富第一次分配过程中的所得必然不均,这时我们就不应以"公平妨碍效率"为理由,也不能以"发展是硬道理"为借口,忽视缩小社会成员受教育水平的差距。按法国社会学家布厄迪尔的说法,一个人的文化资本的获取累积,主要是通过教育完成的,而文化资本又是个人实现社会上向流动的关键因素。

我们虽然一直声称维护社会公平,但我们在社会主义制度的实践过程中却错误地把公平理念诉诸社会财富的一次分配中,由此产生的极大社会弊端也使"公平"的理念蒙受污点,时至今日,主流舆论仍视"公平"为"效率"的妨碍。为了社会的基本公平,我们需要破除不正确的公平观,并通过国家的强制力量,积极彻底地实行真正的国民义务教育并启动义务或半义务的国民再教育工程,使义务教育成为国民步向共同富裕之路的重要台阶,这既是贫弱者之幸,也将是富强者之幸,更是国家与社会之幸。

2003年在我访学美国期间,当我向美国朋友提及我国农村的失学儿童时,对方满脸疑惑:为什么要失学,难道小孩读书还要付钱?我希望如果有机会再访美国,如果再有人向我提出类似的问题,我再也不需要用不入流的英文口语艰难解释被他们视为不入流的问题,我愿意轻松地告诉他们,在2007年的中国,每一个农家子弟,都可以背起书包上学堂。

(原刊《小城镇研究》2006年第3期)

期待彻底的农村免费义务教育

在贫困地区农村做调查时发现,不少年人均收入低于2500元的贫困户,其致贫原因,在于"因教致贫"——贫困家庭不堪重负于子女的教育费用支出。关键是,这笔教育费用不仅包括非义务教育阶段高中或者大学的高额学费,还包括义务教育阶段小学及初中的数额不菲的学生寄宿生活费。

我国人口生育高峰已渐渐平缓,加上部分农村适龄学童跟随外出打工的父母在城市就读,致使农村地区中小学校的生源大为减少,教育部门因此大面积撤校并校。撤校并校之后,家门与校门的距离大为拉开,尤其是在人口相对稀少的边远山区,近八成的小学及初中生必须在学校里寄宿。在梅州市五华县山区,有一贫困户掰着指头细细地算了一笔账,他有两个子女,小的上小学,大的上初中,全部在离家十几公里的学校寄宿,每人每学期的伙食费及寄宿费大概需要1500元,一年下来,就需要付出6000元。他特别强调,如果小孩不需要住校而在家里吃饭,无非多添一副碗筷,用不着这么大的开销。他的家庭收入一年不足一万元,除应付日常开支外,还得向亲戚借钱交学费(寄宿费)。

从2007年起,我国就已在广大农村普遍实行免费义务教育制度,具体叫"两免一补",即免学费、免杂费,并对农村贫困家庭学生补助寄宿生活费。按理说,"两免一补"政策是可以避免上述现象出现的,但事实却并非如此,其中的原因是复杂的。

　　2005年12月24日，国务院在《关于深化农村义务教育经费保障机制改革的通知》中指出，补助寄宿生生活费资金由地方承担，补助对象、标准及方式由地方人民政府确定。可见，"一补"是较为弹性的政策规定，各地尤其是贫困地区的地方政府由于财力所限，在确定补助对象的数量及补助标准上，往往是就低不就高，每个贫困家庭学生每年的寄宿生活费补助仅仅一两百元。在这一政策导向下，出现了越是贫困地区里最需要获得补助的贫困家庭就越得不到应有补助的奇怪现象。同时，在"贫困家庭"的认定上，也是程序繁杂、不胜其烦，如摸底调查、申请、审核、公示、申报备案。一旦确定了"贫困家庭"，往往是多年不变，除非该"贫困家庭"的子女已完成了义务教育阶段的学习。这中间不仅存在对"贫困家庭"认定时的主观随意性，而且还存在因突发家庭变故而致贫的新增贫困户无法受惠的现象。种种原因一并导致了"一补"的政策不能及时有效地消除贫困户因无力负担子女在义务教育阶段的寄宿费而"因教致贫"的现象。

　　随着我国国力的进一步提升，已有人大代表和政协委员在全国"两会"上建言国家应该向前和向后延伸义务教育阶段，即将幼儿园和高中教育都纳入免费义务教育。这当然是一项利国惠民的提议，但提议者也许以为目前的免费义务教育已万事大吉，而无意中忽略了不少农村贫困家庭尚负担不起子女在现有义务教育阶段寄宿费的事实。所以，与其倡议延伸义务教育阶段，不如把目前的九年制免费义务教育政策进一步做实做足，即由国家财政统筹解决并一律免除我国农村义务教育阶段学生在乡村学校的寄宿费，这既是对义务教育制度的"锦上添花"，也是对农村贫困家庭的"雪中送炭"。

也许有人会说，一旦实行这样的政策，此政策的受惠者岂不是不分贫困家庭与非贫困家庭？这样的担心其实是多余的。因为目前农村社区的人口流动与教育消费偏好其实已经自然地将大部分脱贫家庭排除在受惠者之外，这比对"贫困家庭"的人为认定审核还要客观准确。了解农村现状的人都知道，让子女在乡村学校读书的家庭基本上都是欠缺青壮劳动力、无法外出打工的相对贫困家庭。如果父母外出打工，在越来越多的外来工输入地愿意将公办学校的学位开放给外来工子女的情况下，父母大都愿把小孩带到打工地就读；而农村中更为富裕的家庭，则往往不惜代价，将小孩送到县城或者地级市的名校，谋取优质教育资源。所以，免除我国农村义务教育阶段学生在乡村学校的寄宿费，可以产生将"好钢用在刀刃上"的政策绩效，它既是教育惠农工程，也将是扶贫攻坚工程。

最需要沐浴政策阳光雨露的人群，往往是那些最没有社会关系、最争取不到额外好处的人群，他们无声、无力地如爬藤植物紧贴地面生存。所以，希望任何一项旨在扶助农村弱势人群的政策，都应该充满刚性，而不是在倡导"大力解决"之余，笼统而简单地附上一句"由地方人民政府根据具体情况落实"。

（原刊《南方日报》2010年4月13日）

农村免费义务教育,"留守儿童"的福音?

在我国广大经济欠发达的农村地区,由于大多数中青年夫妇离家到经济发达地区"打工",造成了数千万无法随父母生活、就学的农村"留守儿童","留守儿童"的生活困境已日益为社会关注。

"留守儿童"的存在,有其复杂的社会背景,也是社会转型期的客观现象,但是,我们依然可以考虑通过政策的调整或在政府行为的层面上,以政策杠杆或政府行为的力量,在短期内明显减少"留守儿童"的人群。

根据调查和深入访谈,应该说,绝大多数"留守儿童"及其父母都是愿意与对方生活在一起的。"留守儿童"的父母之所以没有把小孩带到城市里去,主要是无力承担他们在城市里上学的费用(借读费),能把小孩带到城市上学的,也是咬牙苦撑的。

根据国家规定,从2007年起,全国农村义务教育阶段的学生可以在户籍所在地享受免费义务教育。如果坚守户籍的壁垒,那么,为了到户籍所在地享受免费义务教育,许多原已随父母在打工地就读的小孩就有可能被送回原籍,因为这可以省去一大笔开支,而因此,"留守儿童"的人群不仅无减反而有增。另一种完全相反的结果是,如果能突破城乡二元结构的户籍限制,让农村义务教育阶段的学生享受全国范围内的免费义务教育政策,也就是说,农民工子弟在其父母的打工地也能享受到免费义务教育政策，那么，许多父母将乐意把子女带出原籍到打工地入学就读，这将极大地减少"留守儿童"的人群。可见，能否突破户籍限制，能否让农村义务教育阶段的学生享受全国范围内的免费义务教育政策，其政策的效应是极其明显的：不突破就会扩大"留守儿童"人群，而一旦突破，就会成倍地减少"留守儿童"人群。

当然，实现以上的政策突破会给农民工流出地和流入地的教育部门增加工作难度。首先是因打工者的流动性而导致其子女的流动管理问题，在这方面，广东省中山市已做了有益的探索，他们给打工子弟办理了"暂住儿童随行卡"。国家可以在全国范围内统一制作农民工子弟在异地享受免费义务教育的"随行卡"，加盖农民工流出地教育部门的公章，并规定凡每接受一个农民工子弟入学就读，不管是公立学校还是民办学校（绝大多数农民工子弟都就读于民办学校），都可以获得一笔（生均）国家及农民工流出地的省政府投向免费义务教育的财政转移支付（相应的，农民工流出地的学校就不能得到这笔财政转移支付）。考虑到农民工流入地的（学）生均教育成本一般高于农民工流出地，接受农民工子弟就读的学校在获得财政转移支付之后，农民工流入地政府应给接受农民工子弟的学校补贴成本差价，这主要是基于农民工已为当地经济发展做出了贡献的考虑。

以上政策建议既是合情合理的，其实也是有充分的法律依据的，最大的法律依据来自《中华人民共和国义务教育法》（第十二条）和《中华人民共和国民办教育促进法实施条例》（第四十二条）。前者规定"父母或者其他法定监护人在非户籍所在地工作或者居住的适龄儿童、少年，在其父母或者其他法定监护人工作或居住地接受义务教育的，当地人民政府应当为其提供平等接受义务教育的条件。具体办法由省、自治区、直辖市规定"，后者则规定："县级人民政府根据本行政区域实施义务教育的需要，可以与民办学校签订协议，委托其承担部分义务教育任务。县级人民政府委托民办学校承担义务教育任务的，应当根据接受义务教育学生的数量和当地实施义务教育的公办学校的生均教育经费标准，拨付相应的教育经费"。即使不突破目前的户籍限制，我们也完全可以将这后一法律条文理解为：农民工流出地的县级人民政府委托农民工流入地的民办学校承担部分义务教育任务，只不过是从本地委托变为异地委托。

在事关民生问题上，政府是绝对应该积极作为的。而最可为的，莫过于发挥公共政策的杠杆作用。这样，疏解民生之困的政府行为方不至于与同样值得大力倡导的诸多 NGO 的善举义行混同。

（原刊《南方都市报》2007 年 2 月 11 日）

"坑农",以"大学"的名义

2007年3月14日清晨6点钟,为了赶上从贵阳回广州的早班机,我随车穿行于盘山凿洞的贵(阳)开(阳)高速路上,车灯刺不透黎明的雾霭,但这并不妨碍农家学子借着一路擦肩而过的车光灯影,借着本非为他(她)们铺设的高速路上的紧急停车带,在白日世界尚未来临之际,赶往位于城镇的学校里晨读。我想,他(她)们当是迎接高考的应届高中毕业生,在这忽明忽暗的路途上,他(她)们也当怀揣不灭的大学梦。车窗外的寒风,吹醒我年轻的梦。26年前,自己也曾是如此行路赶考的他(她)们中的一员。但今天,当他(她)们走出清晨微暗中的这一段路途之后,我竟越来越怀疑是否有光明大道接引。

30年前,国家恢复高考制度。那时,虽称"千军万马过独木桥",但只要过了独木桥,就是天高海阔——知识,真正改变了一代人的命运;高等教育,确实推进了一代人的上向流动。30年后,大学急速膨胀扩招,结果是,知识改变命运、高等教育推进农家学子上向流动的可能性被大大稀释了。

每一代人都有其平等以及不平等的起点。30年前,有人哀叹青春被耽误,但考生却拥有虽匮乏然而基本平等的教育资源;30年后,有人欢呼大学录取率的大幅提高,但城乡之间教育资源的(政府)配置和(社会)聚积却已日趋严重地不平等——作为一部高考机器,乡镇高中无论如何都竞争不过城市里的高中。本来，竞争败阵也就作罢，农家子弟可以现实地选择打工（所谓"读完初中，可以打工"），不幸的是，大学扩招及高等教育产业化的主张，使三四流高校纷纷眷顾乡镇高中里的农家子弟。在农民传统的观念里，再不入流的大学好歹也是大学，加上"知识改变命运"口号的鼓动，农民砸锅卖铁送儿入大学，"一个大学生拖垮一生"也在所不惜，更有因筹不足高额学费而自杀的农民兄弟。

  本来，有付出就有回报，有投入就会有收益。为什么农家供送子女上大学会成为一桩失败的家庭投资而导致"因教致贫"？如果接受高等教育是购买一种高额消费品的话，那么，大可准确而严重地说，三四流高校的盲目扩招是在向社会兜售不合格的教育产品，因为这些高校本不具备生产的资质。犹如仿冒名牌的伪劣种子、化肥、电器、化妆品侵入农村市场一样，三四流高校也在打着"大学"的神圣旗号，在农村兜售伪劣的教育产品。伪劣种子导致农民颗粒无收，伪劣的教育产品同样导致农家子弟毕业后工作无着就业无门，农家将十余年不吃不喝（而非"省吃俭用"）的全部收入，投诸流水；伪劣种子耽误农时，伪劣的教育产品同样导致农家子弟付出四年的"机会成本"；尤其严重的是，伪劣种子一经发现，尚可及时铲除改种它物，而一个农家子弟，一旦自认为大学毕业生，哪怕失业，也不愿走回头路加入打工的行列，宁愿在城市的边缘底层徘徊。至于他们的父母，则悔不该当初，开始怀疑并且否定教育的价值。所以，伪劣的高教产品对农民的坑害，远甚于伪劣种子。

  尼采说："只是为了服务于将来和现在，而不是削弱现在或是损坏一个有生气的将来，才有了解过去的欲望"。我国高考制度的恢复已届"而立之年"，在"大学"也可以"坑农"的今天，对 30 年前的过去的了解，的确应重新成为展望我国教育未来的起点:教育应提供给底层的农家子弟实现社会上向流动的合适台阶,避免以"大学"的名义稀释他(她)们的希望,幻灭他(她)们的梦想!

(原刊《南方都市报》2007年6月7日)

以教育均衡化推动城镇化

去年底的中央农村工作会议和今年初的中央"一号文件"都重点强调了推进城镇化发展的措施,如"深化户籍制度改革,加快落实放宽中小城市、小城镇特别是县城和中心镇落户条件的政策,促进符合条件的农业转移人口在城镇落户并享有与当地城镇居民同等的权益","大力发展县域经济,抓住产业转移有利时机,促进特色产业、优势项目向县城和重点镇集聚,提高城镇综合承载能力,吸纳农村人口加快向小城镇集中"。推进城镇化的所有措施其实都指向一个目标,即如何让越来越多的农民愿意搬到城镇里居住,并从农村户口转为城镇户口,以此提高我国城市人口的比例。

其实,我国城镇化战略实施已久,人们也并不陌生于上述的种种措施。但是,城镇化的成果却不尽如人意,以至于有代表、委员在今年"两会"期间抛出"空心镇"的话题,认为我国目前不仅存在大量"空心村",而且还开始出现"空心镇",即某些城镇既形不成人口集聚,也形不成产业集聚。城镇人口外流,以城镇为中心的区域经济日渐弱化。在此情形下,只要农民还有正常的理性,有谁愿意舍弃哪怕已经没有多少产出效应的耕地和宅基地而去做一个徒有其名的"城镇人"?如果小城镇本身已在衰弱,如果成为"城镇人"之后已无利可图,那么,农民一定是拒绝"被城镇化"的。如果把"城乡二元结构"中的"城"仅仅理解为"小城镇"的话,那么,所谓"城乡户籍壁垒",在一定程度上便是一个伪问题。

当然,中央做出发展小城镇的战略部署也是有见于我国广大小城镇积弱不振的现状。但必须看到的是,小城镇的低迷乃至萎缩,并非"城乡二元结构"所致,而是经济全球化和大企业大资本联手攻"镇"掠地、横扫市场的后遗症。原来的小城镇,哪怕多么偏僻,都有周期不等的集市,尚能维持其区域人流、物流和市场中心的地位。如今,资本下乡,"超市"代替了集市,"名牌"乃至假冒"名牌"打败了货真价实的土特产,小城镇在周边村民心中的经济地位和社会地位一落千丈。从中央到地方到学者,"以产业集聚带动人口集聚"几已成为推进城镇化的共识。但在各种生产要素不断涌向大城市的今天,所谓"促进特色产业、优势项目向县城和重点镇集聚",又谈何容易。我国小城镇的发展基础、资源承载能力和市场空间本就极为有限,加上如今市场化的力量俨然势不可挡,如果局限于"以产业集聚带动人口集聚"的思路,政府可作为的空间和效果都将有限。

不可否认的是,对今天的农民来说,即使城镇的魅力不如往昔,但还是有些人愿意往县城或者城市移居。这是一批特定的人群,他们移居城镇并不是为了创业,而是为了给下一代谋求优质的教育资源。他们不惜代价离土别乡,到城市租房落脚或者买房落户,千方百计让下一代挤进城市里的名校,并陪伴读书。他们甚至也不是农村中的先富阶层,因为家境平平者如此而"因教"一时"致贫",也早已不是什么新闻。这一与其说是喜不如说是忧的现象,乃深刻反映了在义务教育已在广大农村全面实施的今天,我国城乡教育资源配置日益严重不均并且远远不能满足农民对优质教育需求的事实。所以,欲达短期内快速推进城镇化之功效,政府在致力于设计小城镇经济发展措施的同时，应不忘自身真正应该扮演的角色，推进教育均衡化。在优质教育资源一时还无法在广大城乡全面获得均衡配置时，起码应分步走，先将目前集中于城市的优质教育资源相对均衡配置于县域范围内的少数重点镇、中心镇，这样，既尽到政府促进教育公平之职责，又可收到农村人口在城镇聚集之功效。如果政府能以行政干预手段调集教育资源，下大决心在每一个重点镇、中心镇各造就一所教育质量堪与市级重点学校媲美的小学和中学，其所带来的人口集聚效应将远远快于并高于经由产业集聚带来的人口集聚效应。

时下，市场化已自觉或不自觉地成为许多人思考和解决问题的"路径依赖"。以教育均衡化推动城镇化，也许可以对市场化"路径依赖"进行适度矫正。事关农民的移居与迁徙，如果一味让"市场化"去打头阵，即使头顶"城市化"的美丽光环，也是难以落实"有尊严的生活"的。

（原刊《南方日报》2010年3月23日）

当今之世，留给大国崛起的"窍门"几乎都被堵死了，换句话说，所谓的"窍门"，不过是一堆常识。

大国兴衰之道

尽管太阳每天都是新的，但其运行的路线是确定的。大国兴衰的因缘际会自是相异，但如果按类型区分，还是可以寻到一些轨迹。

按时下流行的说法，自十五、十六世纪至今，世界范围内先后有葡萄牙、西班牙、荷兰、英国、法国、德国、日本、俄罗斯、美国等，扮着大国的角色，演出"崛起"的大戏。不过，人类历史的演进总是缓慢的，不可能时时呈现剧场效应。只有采取长时段的"大历史"视角，今人方见出大国之间的"你方唱罢我登台"。在"好戏连场"的背后，是长达数十年数百年的力量积蓄、机遇等待。

大国无不以全球作为其崛起的舞台，也总是以大国自身的利益构筑格局、梳理秩序。舞台尽管也宽广，但总是一出独角戏。原因很简单：既受制于资源的有限——一山养不起二虎，也基于大国利益的高度排它扩张性——一山容不了二虎。在宗教威权的时代，葡萄牙人和西班牙人可以由罗马教皇主持调停，暂时维系利益的格局；宗教威仪不再，大家就不客气了，兵戎相见，完全直奔主题，冲着抢占全球利益开战，打赢了就成老大，荷兰、英国、法国、德国的崛起，哪国不是沐浴着腥风和血雨；冷战时代美苏两大国长期对垒应是另当别论，第二次世界大战造就了两个超级大国，双方都强大到足以置对方于死地的地步，故只能各自按兵不动——弹不动"有你没我"的老调调。

再来看大国崛起的轨迹。

早年的葡萄牙、西班牙靠航海大发现成就了海上霸主的地位,从亚洲、非洲、美洲运回大量的真金白银。前几年有一本书,叫《拉丁美洲被切开的血管》,讲的就是西班牙人如何把拉美的宝藏掏空,以致拉美一蹶不振。葡萄牙、西班牙的崛起算一种类型,叫非充分竞争下的、国家强盗型的、对世界自然资源的掠夺性崛起。取之无道,其兴也忽,其亡也忽。

葡萄牙、西班牙是小国,荷兰也是小国。小国地狭人少资源稀薄,其崛起只能独辟蹊径,走非充分竞争的路子。葡萄牙、西班牙靠掠夺,荷兰靠贩卖鲱鱼、低廉的船运和快人一步完善成熟起来的现代商品经济制度,从而赢得海运贸易的世界市场。可以说,在竞争充分的全球化时代,小国成为新的大国的梦应该是彻底破灭了。

至于不大不小的国家,如英、法、德,其崛起走的是工业化的路,先是在本国自力更生,接下来便不满于丰衣足食,资本改不了扩张的本性。机器一运转,工业化的原料、工业化的产品都必须源源不断进口,胃口必然要涨大到吞纳全世界的地步。当然,要维持如此庞大的生产系统,没有武力作后盾的强权是办不到的,而没有现代的社会制度作基石也是不可持久的。看他们在酝酿建立现代社会制度时的那股认真劲,叫人不佩服还不行。据说,法国的拿破仑在颁布《民法典》之前,光是讨论这部法典的草案,就开了102次讨论会,拿破仑自己就参加了97次,那时他还正带着兵征战欧洲呢。这方面的例子,当然还可以举俄国女皇叶卡捷琳娜二世,她主持新《法典》的起草工作,在一年多时间里开了200多次会议,最后还是没有制定出来;美国的开国元勋华盛顿在费城主持制宪会议,开会居然开了 116 天，才出来第一部成文宪法。从前说"日不落帝国"是夸耀其殖民地横跨五大洲，东方不亮西方亮。现在还可以说"日不落帝国"，因为其制度坚如磐石，哪怕天灾人祸，地动山摇，跌倒了，人家依然爬起来，像英、法几乎把殖民地全让出了，骆驼是瘦死了，但马还壮着。

再说美、俄（苏）两个本就是大国的后发大国。大国的大国崛起，哪怕多么后发，其后劲总是足的，因为它们即便不走侵略或扩张的路，凭借本国宽广的国土和市场、充足的自然资源和人力资源，也可以踏上振兴之路。像美国，在距建国仅 118 年的 1894 年，其工业产值就已雄踞世界之冠；像苏联，在世界经济出现大萧条的 20 世纪 30 年代，以计划经济迅速崛起，缔造了 20 世纪的世界奇迹。当然，崛起之后的大国，肯定是不甘心把腿脚缩在国内的。但这无妨于作这样的表达：大国的大国可以通过"全国化"振兴，然后在"全球化"中搏击。

大国的崛起从来就没什么窍门，简单地说，是"发展就是硬道理"；严格地说，是循着世界"道理"（潮流）去发展，否则，就会变成"硬发展是没有道理的"。世界进步到今天，留给大国崛起的"窍门"几乎都被堵死了，换句话说，所谓的"窍门"不过是一堆常识，这堆常识是：符合文明取向的社会制度建构、基于国家利益的自觉全球化。若光以 GDP 多寡论崛起，那么，所谓的"大国崛起"，不过是儿童堆积木或农民建毛坯房，那是不可能经风见雨的。

（原刊《南方日报》2006 年 12 月 13 日）

崛起的中国应当如何向世界输出文化

十七大报告以罕见的长篇巨幅,阐述了如何推动社会主义文化的大发展和大繁荣。尤为引人注目的是,十七大报告明确地指出:"文化越来越成为民族凝聚力和创造力的重要源泉,文化越来越成为综合国力竞争的重要因素""掀起社会主义文化建设新高潮,激发全民族文化创造活力,提高国家文化软实力""推动我国哲学社会科学优秀成果和优秀人才走向世界""加强对外文化交流,增强中华文化国际影响力""大力发展文化产业,增强国际竞争力"。将文化建设、文化产业的发展提升到国家软实力乃至中华民族伟大复兴的高度加以认识,这在我党的历次重要文件中,乃是第一次。而要领会这些讲话所蕴含的战略意义,当然不能只局限于国内的视野——文化产品不再仅仅是供国人休闲娱乐的点缀物,而必须具有全球的眼光——一个崛起的中国应当如何向世界输出文化?

一 和平崛起与文化输出

十七大报告重申"中国将始终不渝走和平发展道路",但不管中国如何反复声称和平崛起,西方世界的舆论还是偏向于将中国崛起的事实视为"中国威胁论"的证据。

2007年10月,第二届中欧论坛在号称"欧洲心脏"的布鲁塞尔召开,一位法国学者引用了据说是出自拿破仑的一句话:

"中国是头睡狮,一旦醒来将震撼世界。"来自中国的学者纠正道:崛起的中国并非醒来要吃人的狮子,而不过是曾经患病而今康复的巨人。因为据考证,拿破仑的原话是"中国是个患病的沉睡巨人,但是它一旦醒来,整个世界都会震动",那是拿破仑在圣海伦岛上会见19世纪出使清廷的英国勋爵阿美士德(Lord Amherst)时说的。更有中国的学者指出,当年葡萄牙、西班牙、荷兰、法国、英国的崛起,哪个不是靠对殖民地的掠夺,哪个不是沐浴着腥风和血雨?英国靠鸦片获取对华贸易的巨大顺差,最后还搬出枪炮征服中国。而今天的中国既不动刀动枪,也不输出毒品,仅仅是靠销售低价工业品而获得贸易顺差,怎么一下就成了"中国威胁"?讲财富的相对公平分配,不能仅仅在一国一时段内讲,还应该在全球范围内、在长时段内讲,中国数百年的积弱与西方豪强的崛起乃是一体两面的事实,中国的和平崛起不过是为了赢得13亿人的小康生活,不过是以和平的手段有限地调整财富在全球范围内的公平分配,为什么就成了"中国威胁"?

回顾历史,20世纪60年代的日本崛起和80年代的韩国崛起并没有在西方媒体引出"日本威胁论"或"韩国威胁论",这当然缘于它们同属冷战时代的西方阵营,但也与它们毕竟是小国有关。中国是个大国,其崛起的效应自是不同凡响,犹如一艘巨轮入水,总是会掀起波涛乃至抬高水面,不像一叶扁舟滑翔时可以不惊波澜。在欧洲,在超级市场中随处可见的"MADE IN CHINA"的背后,是日常消费品制造业的转移与萎缩,就业岗位不足,年老的人不敢退休,因为退休金在削减,而年轻人却失业并拿着社会福利保障金到相对低消费水准的东南亚闲逛。欧洲人说,社会阶层的区分,从前是是否受过高等教育,如今则是是否就业。可以说,中国低价产品的涌入,的确深刻地影响并将重塑西方的社会福利制度。

其实，主流媒体一旦形成某种舆论之后，是很难通过知识考古或说理的途径去消解的，因为受众只会通过日常生活中的切身感受去传播或放大舆论。要让西方人觉得中国的崛起并不是对他们的威胁，显然不能仅仅靠说理或论辩来完成，而是必须依靠中国的文化软实力。

所谓"软实力"，根据哈佛大学教授约瑟夫·奈（Joseph S. Nye）在1989年的说法，是指产生吸引力和说服力的一种影响力，而非威胁和强制力。2004年他还出版了《软实力：世界政治中的成功之道》一书。由于美国对伊拉克战争和中东政策，导致美国的软实力下降，这是提升中国软实力的良机；而中国经济持续并且是不可阻挡地崛起，的确必须通过中国文化的输出，提升中国的软实力，及时将"中国威胁论"的负面影响降到最低程度。还是约瑟夫·奈，他于2005年底在《华尔街日报》又发表"中国软实力的崛起"一文，认为中国文化在很多方面都具有吸引力，中国的传统艺术和文化，例如，中国人对人与自然关系的理解、中国的书法、绘画、中国功夫，甚至中国的饮食和传统服饰等，在美国都很受欢迎。我想，和平、和谐既是中国文化的特质所在，又是我们提升国家软实力、消减"中国威胁论"的目的所在，特质为和平、和谐的中国文化的输出，将在中国的和平崛起过程中扮演关键角色，其重要性，可能远超过我们的自我估计。

二　品牌战略与文化输出

中国企业家梦寐以求的品牌国际化的征程并不顺利，其成绩也不尽如人意。据说中国品牌国际化的先锋如海尔、联想、

TCL等在收购美国的同类品牌企业时荆棘丛生：海尔收购美国家电品牌美泰克遇阻，在美国市场上长期以来是高投入、低回报，无法建立自己的品牌形象，投入产出严重失衡；然后是收购IBM PC业务之后的联想在美国遭遇DELL阻击，美国人对LENOVO品牌缺乏信心，联想在美国市场的PC份额持续下滑；更为严重的是TCL收购阿尔卡特、汤姆逊之后重组失利，整个TCL集团震荡不断，出现巨额亏损。造成这种不良后果的直接原因当然包括企业家经营策略的失衡，但其根本的原因，恐怕在于中国产品的品牌缺乏文化的软实力。因为任何一个国际性产品品牌，不仅需要过硬的质量，还需要丰富的文化内涵，它不仅能满足消费者的实用需求，还应满足消费者的文化想象——在同类产品充分竞争的全球化时代，消费者选择某个国际性品牌的产品，事实上也是在选择某种特定格调、气质的文化。这也就是人们常讲的"文化附加值"的客观体现。

产品的"文化附加值"绝非虚无缥缈，而是指人们在对某一产品进行物质性消费时还能获得精神的享受。某种产品令人进行文化想象的空间越大，它的"文化附加值"就越大，竞争力就越强，价格就越高。法国波尔多红酒为何在市场上所向披靡，价格居高不下，最重要的原因是消费者可以从中获得对浪漫和情调的想象，而这种精神性想象的完成，主要依托于法兰西文化的长期输出。可以预言的是，中国的"长城"或"王朝"干红哪怕品质再出众，也不可能成为具国际品牌影响力的红酒，因为它与中国文化无关，因为它不可能提供给人文化的想象空间。"茅台""五粮液"是中国白酒的极品，也出口海外，但大多蜗居唐人街内的超市，其消费者局限于华人华侨，售价还低于国内市场。而日本的清酒则不同，在美国绝大多数的酒类商店，都可觅得清酒的芳影，而且售价超过"茅台"

"五粮液"的不在少数。为什么？因为以"茅台""五粮液"为代表的中国白酒与中国传统文化的联系纽带已经断裂，不仅是外国人，而且连中国人在"干杯"声中也早已忆不起微酣境界中的唐诗宋词，士人品酒时风流洒脱的超然形象也早已模糊。而日本清酒却依然还让人浮想联翩——漫飘天际的落樱、凄美的能乐、简素的庭院、有招有式的花道茶道。

品牌营销专家指出，多数经济强国及其企业的国际化进程，必然要经历产品输出、文化输出、品牌输出三部曲。尤其对于消费电子企业，由于其产品与个人消费、家居生活具有高关联度，消费文化的影响对于电器产业具有很大的引导作用。这可以从日本及韩国的国际品牌的成长过程中获得证据。早年的日本及韩国产品也差不多是"物美价廉"的代名词，但它们深谙品牌营销之道，在产品输出时不忘文化输出。日本文化输出的成功例子就是动漫，如《铁臂阿童木》，这个"十万马力、七大神力"的机器人在 20 世纪 80 年代初进入中国，中国人在记住阿童木的同时，也记住了日立电器，喜欢《铁臂阿童木》的中国电视观众，最终也成了日立电器的买家，铁臂阿童木成了日立品牌的形象代言人。进入 20 世纪 90 年代，日本推向世界的卡通形象则进一步宣传日本独有的生活方式，推销更深层的日本文化理念、价值观和审美情趣，如《机器猫》《七龙珠》《灌篮高手》《名侦探柯南》等，日本文化输出的同时，日本品牌也征服了全世界的消费者。韩国则以韩剧为先锋，在东亚大掀"韩流"，从 2005 年开始，在《大长今》的推动下，"韩流"加快了对亚太各国的文化影响，有力带动了韩国料理和时装、首饰、化妆品、旅游业的发展，而女主角李英爱也成了 LG 的形象代表。是韩流时尚文化向中国的广泛渗透，才让三星手机成为中国年轻一代消费者的最爱。

值得指出的是，强调文化输出作为企业产品品牌国际化成长的一个步骤，并不意味着文化输出仅仅是企业行为。据说韩国成立"韩国文化内容振兴院"（KCCA），国家每年投入5700万美元的经费预算，精心设计、打造、包装韩国文化理念的韩剧及其他文化产品，有计划、有步骤地向世界输出。从全球经济竞争的制高点看，产品的竞争就是品牌的竞争，而品牌的竞争，就是"民族—国家"文化的竞争。在此，文化输出乃是全球化时代国家经济战略的重要组成部分，国家进行战略性的文化输出，就是给本国企业提供一种公共产品（Public Good），就是给本国产品的国际化品牌成长建造一艘扬帆出海的巨轮。在"中国制造"蒙污及陷入名誉危机的关键时刻，十七大报告提出"掀起社会主义文化建设新高潮，激发全民族文化创造活力，提高国家文化软实力"，其意义的确非同凡响。

三 文化创新与文化输出

十七大报告要求"在时代的高起点上推动文化内容形式、体制机制、传播手段创新，解放和发展文化生产力"。什么叫"时代的高起点"？我想，其应有之义当包含：面对全球化的挑战和中国的崛起，中国文化的输出内容、形式、体制与传播手段，都应该有所创新。中国在工业产品的贸易上一直保持顺差的优势，但在文化产品的贸易上，却长期逆差，文化大国面临"文化赤字"的尴尬。研究文化贸易的专家指出，多年来，我国图书进出口贸易大约是10∶1的逆差，图书主要出口到一些亚洲国家和我国的港澳台地区，面对欧美的图书进出口逆差则达100∶1以上。2004年，我国从美国引进图书版权4068种，输出14种；从英国引进2030种，输出16种；从日本引进694种，输出22种；2005年，对美版权贸易逆差有所减小，但仍然是4000∶24。

中国是个有13亿人口的大国，我们的文化产品当然应首先满足国内观众的需求，但在"时代的高起点"上，应该将西方世界也纳入我国文艺作品的受众范围。据说韩国电视剧《大长今》筹划了10年，专门研究中国人的传统文化和喜好，这给我们提供了一个经验：在制作文化产品之时，不要局限于狭隘的受众范围，也要放眼国外消费者的喜好。我们有丰富的具有原生态的文化资源，但往往被外国人抢占先机，如美国的迪士尼电影《花木兰》，火爆美国、欧洲等地，在美国取得了1.2亿美元的票房佳绩。日本富士电视台推出了电视连续剧《西游记》，收视率超过了20%。富士电视台已经把该剧版权卖到韩国等亚洲国家和地区。只要我们有全球化意识并认识到文化产业的战略地位，就应该善用我们的文化资源，在文化的内容和形式上不断创新。

十七大报告还要求提高文化产业占国民经济的比重，提高文化产业的国际竞争力。按我的理解，这一提法的着重点并不在于文化产业的GDP，而在于中国文化输出时的实际影响力。长期以来，我们的对外文艺演出仅停留于免费演出的友好交流层次，对外演出一直隶属于民间外交或宣传的领域，无法进入国外受众的日常文化消费领域，有文艺演出，却无文化产业。要真正提高我国文化产业在全球范围的国际竞争力，必须放宽对文化对外输出单位的管制，如果千篇一律地要求"文以载道"，那么必然捆住我国文化产品走出国门的手脚。对一些有冲击国际市场、抓住国际眼球、略具国际知名度的出版社、电视台、报纸、学术刊物和导演等文化媒体或从业人员，应该像爱护自己的眼珠一样加以善待扶持，让其在相对宽松的环境下成长，成为我们向西方世界有效发声、发力的重要管道。媒体固然是党和政府的喉舌，但同时也应是中国向世界发出声音的喉舌。所以，要站在"时代的高起点"上，就必须改革文化的管理体制和管理理念，真正"掀起社会主义文化建设新高潮，激发全民族文化创造活力，提高国家文化软实力"。

中国的改革开放大业已届而立之年，30年来，我们一直强调与国际惯例接轨，这当然是必要的，而且，只要我们还存在陈规陋习，就应该继续"接轨"下去。但是，中国毕竟是个大国，一个大国的国家利益总是像发达的神经末梢，遍布全球政治舞台的各个角落。与大国崛起相伴随的，除了与国际惯例接轨，还应该主动地参与修正有损大国利益的国际惯例，在博弈与协商中达成新的惯例。而这，很大程度上取决于我们是否很好地学会向世界显示我们的文化软实力——道出我们悠久的文明，说出中国人的情感诉求。

一切才刚刚开始，因为中国才正在崛起。

（原刊《南方日报》2007年10月25日）

从文化自觉到文化自信

从十七大报告号召"掀起社会主义文化建设新高潮,激发全民族文化创造活力,提高国家文化软实力",以推动社会主义文化的大发展和大繁荣,到十八大报告提出"树立高度的文化自觉和文化自信",以建立社会主义文化强国,此有关文化建设目标的表述在短短五年间的跟进,反映着进一步崛起的中国在全球化不断深入的世界格局中的再次定位。

民族国家以及国民对自身文化的意识程度往往与国力以及该国在世界的地位直接相关。国运衰弱列强欺凌的近代中国,伴随而来的是国人深重的文化危机及保种救亡的呼号;改革开放之初,西方文化及思潮强势袭来,中国传统文化也几乎被人视之为弃履,并有中国是否具有"球籍"资格的争论。可以说,不仅"弱国无外交",而且弱国亦无文化自信。不过,如果单凭一国的经济实力,其所撑起的文化自信,至多是"盲目自信",甚至可能流于反文化的、"财大气粗"式的骄横跋扈。只有基于文化自觉的文化自信,才不至于"找不着北"。

按照费孝通先生的说法,"文化自觉只是指生活在一定社会中的人对其文化有'自知之明',明白它的来历、形成过程、所具的特色和它发展的趋向,不带任何'文化回归'的意思,不是要'复归'","自知之明是为了加强对文化转型的自主能力,取得适应新环境、新时代选择的自主地位。文化自觉是一个艰巨的过程,首先要认识自己的文化,理解所接触到的多种文化,才有条件在这个已经在形成中的多元文化的世界里确立自己的位置"。一国以及国民的文化自觉不仅需要对自身文化的来龙去脉具有深切的同情式的理解,而且更需要与世界上其他文化的接触与理解,所以,"文化自觉"绝非一个封闭式的概念,它体现了交互性认知的过程。从对全球化是否导致本土文化消亡的担心,到全球化与本土化双向运动的交汇,直至近来"全球本土化"(glocal)概念的流行,已经为人们展开了一幅全球多元文化之间、强势与弱势文化之间深入交融后或式微或突起的宏大画卷,这也是崛起的中国树立文化自觉和文化自信,建立社会主义文化强国的机遇与挑战并存的背景。

大国崛起与全球化紧逼的双重变奏,构成真正意义上的"千载难逢"。文化自觉所需要的对自身文化、对世界多元文化以及对文化全球化了解的落实之处是中国作为一个幅员辽阔、人口众多、文明体绵延不绝、经济体世界第二的社会主义国家对整个世界现代文明意义的自觉。今天,对被西方资本主义文明主导了数百年的现代世界体系来说,中国的传统文化以及近百年来在中国大地上兴起并践行至今的社会主义文化不仅仅只具有"多元共存"的意义,中国文化是少数几个能够为世界现代文明孕育和创造其未来可能性的文明体系之一,作为中国传统文化核心理念的身心和谐、人际和谐、天人和谐以及作为社会主义文化核心理念的平等、弱者赋权、社会与经济互嵌式发展,都将是构成世界现代文明以及社会主义文化强国的要素,都将是奠定中国以及中国人从文化自觉到文化自信的基石。

没有文化自觉,就没有文化自信。没有文化自信,就没有文化自主。没有文化自主，就没有人心的安顿，就没有意义世界的自主确证，就没有幸福感的稳固提升。此番高调提出文化自觉与文化自信，可谓正当其时也。

（原刊《南方日报》2012年11月17日）

中国文化源远流长，已经渗透到我们的日常词汇之中，只要我们开口讲话，其实随时都在跟传统文化中的一些基本理念打交道。如果对于我们的日常词汇有些许文化的自觉和理解，就会觉得我们还是活在跟传统文化有密切联系的文化空间里。

《庄子》书所见之"游艺"

一

"游艺"本来是孔子的说法，他说："志于道，据于德，依于仁，游于艺。"与"道""德""仁"相比，"艺"最为具体（"六艺"如礼、乐、射、御、书、数），但孔子偏偏用意向色彩最为弱化的"游"字（与"志""据""依"相比），来表明其对"艺"的态度，可见孔子对"艺"本身并不特别看重（此与其"君子上达""君子不器"的主张相符），他看重的是习艺过程的优游，《礼记·学记》里的一段话可作注脚，所谓"不兴其艺，不能乐学。故君子之于学也，藏焉，修焉，息焉，游焉。夫然，故安其学而亲其师，乐其友而信其道，是以虽离师辅而不反也"。照此说，孔子的"游艺"固有其胸次洒脱的一面，但总起来看，他的"游艺"是围绕着"志于道，据于德，依于仁"的——起一些娱情的作用。

庄子这个人的确是很不喜欢儒者的。《庄子》书里有好多谈艺寓言，如《养生主》篇的"庖丁解牛"，《天道》篇的"轮扁斫轮"，《达生》篇的"佝偻者承蜩""津人操舟""丈人游水""梓庆削木为锯"，《知北游》篇的"大马之捶钩者"，《徐无鬼》篇的"匠石运斤成风"。这些村野之夫，个个技艺了得，道行深不可窥，简直是鬼斧神工，神人假手，偷造化之功，默契天真，冥周物理。这些人的一手绝活，都是上不了台面的鸡鸣狗盗之徒的"雕虫小技"，没有一项是属于儒者堂皇标榜的"六艺"，但庄子却把他们捧上了天。更绝的是，《庄子》书里也记了两三个不得技艺之道的反例，但恰恰又都是儒者"六艺"中的"御"和"射"，我猜想此并非巧合，而是庄子存心要跟儒者抬杠。

孔子大概比较欣赏"六艺"之一的"御"，《论语·子罕》有一段夫子自道如下：

> 达巷党人曰："大哉孔子！博学而无所成名。"子闻之，谓门弟子曰："吾何执？执御乎？执射乎？吾执御矣。"

达巷的一个人说："孔子真伟大！学问广博，可是没有足以树立名声的专长。"孔子听了这话，就对学生们说："我干什么呢？赶马车呢？做射手呢？我赶马车好了。"（杨伯峻先生译文）

来看看《庄子·达生》篇里如何说善御者的不是：

> 东野稷以御见庄公，进退中绳，左右旋中规。庄公以为文弗过也，使之钩百而反。颜阖遇之，入见曰："稷之马将败。"公密而不应。少焉，果败而反。公曰："子何以知之？"曰："其马力竭矣，而犹求焉，故曰败。"

东野稷乃古之善御者，他以御事鲁庄公。左右旋转，合规之圆，进退抑扬，中绳之直，庄公以为组绣织文，不能过此之妙，任马旋回，如钩之曲，百度反之，皆复其迹。但鲁之贤人颜阖则看出其败象。此说明，若不合乎物（包括车马）之性，则巧技不足以持久。

再说"射"。儒者为何把"射"列为"六艺"之一？除了"射"可以令人专心致志外，其象征之义亦为儒者所欣赏。孟子讲得很明白：

> 仁者如射。射者正己而后发；发而不中，不怨胜己者，反求诸己而已矣。（《孟子·公孙丑章句上》）

但《庄子·徐无鬼》篇却讲述了一个可笑的射手：

> 吴王浮于江，登乎狙之山。众狙见之，恂然弃而走，逃于深蓁。有一狙焉，委蛇攫搔，见巧乎王。王射之，敏给搏捷矢。王命相者趋射之，狙执死。王顾谓其友颜不疑曰："之狙也，伐其巧恃其便以敖予，以至此殛也！戒之哉！嗟乎，无以汝色骄人哉！"

吴王射杀一只老猕猴，想不到他的箭被老猕猴敏捷地接住。吴王不仅没像孟子说的"反求诸己"，反而责怪老猕猴"伐其巧恃其便以敖予"。

二

《庄子》书里本来并未见"游艺"之说辞，不过，庄子是讲"游"的，有人甚至把"游"字作为《庄子》的通义（见王叔岷《庄子通论》）。"游"是胸次洒然、无所系缚的自适、自得、自乐（见徐复观《中国艺术精神》）。《庄子》书对那批拥有手艺绝活的村野高人的描绘，正好是对"游"的精神状态的呈现。所以，说《庄子》书里有"游艺"，不过是采取了可能并无大碍的方便说法。

说到工艺，大家马上会想到规矩、规则。是啊，没有规矩、规则，怎么能做得出一个合格的有用的工艺品？这是世人的想法，也是孟子的想法。孟子这个人用世之心之情过重过切，匠气足，他老想用规矩、规则（仁政）去做出一个合格的有用的工艺品（平治天下），所以他就说：

> 离娄之明、公输子之巧，不以规矩，不能成方圆；师旷之聪，不以六律，不能正五音；尧舜之道，不以仁政，不能治天下。（《孟子·离娄上》）

当其时也，孟子名声大，待遇优，动辄后车数十乘，侍从数百人，往来各国。所到之处，国君们都得馈赠黄金，供给衣食，聆听孟子的高论（见范文澜《中国通史简编》）。孟子苦口婆心，但国君们不见得就身体力行，不得已，孟子自己给自己所信奉的"规矩"论打了折扣——"梓匠轮舆能与人规矩，不能使人巧"（《孟子·尽心章句下》）。意思是说，木工以及专做车轮或者车厢的人能够把制作的规矩准则传授给别人，却不能够使别人一定具有高明的技巧（杨伯峻先生译文）。

庄子知道，儒者即使尊贵如孟子，终不免无功而返。所以，庄子干脆来个"游乎方之外"，"游乎无何有之乡"。《庄子》书里也有一位善用规矩的巧匠，但全然别样于孟子眼中的"不以规矩，不能成方圆"的公输子：

> 工倕旋而盖规矩，指与物化而不以心稽，故其灵台一而不桎。忘足，履之适也；忘要，带之适也；知忘是非，心之适也；不内变，不外从，事会之适也。始乎适而未尝不适

者，忘适之适也。(《庄子·达生》)

倕是尧时的工人，禀性极巧；盖用规矩，手随物化，因物施巧，不稽留也。任物因循，故其灵台凝一而不桎梏也（郭庆藩疏）。此表明，不能施用规矩，擅立外在标准，而只能任物因循。打个比方，既不能削履适足，更不能削足适履，而只能忘足适履。在《庄子》书里，所有的艺林高人，绝非一班"熟能生巧"的能工巧匠（也许应称为神工鬼匠），对他们来说，规矩完全是等而下之的，哪能入得了他们的法眼？

在孟子、庄子间论"规矩"，是为了说明，"规矩"在此二人眼里，不过是社会的礼仪和法度的象征。生逢乱世，以庄子之自负，他罗列了那么多无"规"无"矩"或自"规"自"矩"的艺林高人，并不是说着玩的（"《庄子》书所见之'游艺'"倒是说着玩的），而是有如上所表之深意寓焉。

三

为了将《庄子》书所见之"游艺"故事再往细处读，不妨先单独说一说《徐无鬼》篇之"匠石运斤成风"：

> 郢人垩慢其鼻端若蝇翼，使匠石斫之。匠石运斤成风，听而斫之，尽垩而鼻不伤，郢人立不失容。宋元君闻之，召匠石曰："尝试为寡人为之。"匠石曰："臣则尝能斫之。虽然，臣之质死久矣。"

郢人并非真人，不过泥画之人也。垩者，白善土也。慢（漫），污也。即有一尊泥画之人，他的鼻端上沾了一点像蝇翼那么薄的白土,艺林高人匠石竟瞑目恣手,听声而斫,运斤之妙,遂成风声,且不爽毫厘——"郢人立不失容"。宋元君也够胆,居然敢于以身试斫,最后还是匠石吐了真言,坦白只能斫那些不动之质——"质,对也。匠石虽巧,必须不动之质"(郭庆藩疏)。

《庄子》书所见之"游艺"故事尽管情趣横溢、色彩斑斓,但还是可以寻到进入这片玄妙之"艺林"的标识,即"必须不动之质"。在所有的"游艺"故事中,无非"人"及"人"所"游"之对象(质),而对象又可分为两类,一为不动的对象,一为动的对象。如果面对不动的对象,则"人"仅需"依乎天理,因其固然";如果是动的对象,则"人"需费一番"习以成性"之功,使动的"人"拟物化。总之,在"人"与对象之间,起码有一方必须是"不动之质"。像上述"运斤成风"的匠石,他不敢削宋元君的鼻子,其实表明他的道行欠火候,面对动的对象,尚不能把自己拟物化(故不拟将匠石"运斤成风"列为下文之分析对象)。

下面就试着给《庄子》书所见之"游艺"故事分分类。

故事内容	对象		人		人之选择	
	动	不动	动	不动	依乎天理	习以成性
庖丁为文惠君解牛……庖丁释刀对曰:臣之所好者道也,进乎技矣……方今之时,臣以神遇而不以目视,官知止而神欲行;依乎天理,批大郤,导大窾,因其固然……以无厚入有间,恢恢乎其于游刃,必有余地矣(《养生主》)。		已无生命之牛	庖丁		依乎天理	

续表

故事内容	对象		人		人之选择	
	动	不动	动	不动	依乎天理	习以成性
桓公读书于堂上，轮扁斫轮于堂下……轮扁曰：斫轮，徐则甘而不固，疾则苦而不入。不疾不徐，得之于手而应于心，口不能言，有数存焉于其间（《天道》）。		车轮	轮扁		有数存焉于其间	
仲尼适楚，出于林中，见痀偻者承蜩，犹掇之也。仲尼曰：子巧乎！有道邪？曰：我有道也……吾处身也，若厥株拘；吾执臂也，若槁木之枝；虽天地之大，万物之多，而唯蜩翼之知（《达生》）。	蜩			痀偻者		身如枯树臂若槁枝
颜渊问仲尼曰：吾尝济乎觞深之渊，津人操舟若神。吾问焉，曰：操舟可学邪？曰：可。善游者数能。若乃夫（通"鹜"，即水鸭——郭庆藩疏）没人，则未尝见舟而便操之也（《达生》）。	流水行舟			津人		数习则能若鹜没水
孔子观于吕梁……见一丈夫游之……数百步而出，被发行歌而游于塘下。孔子从而问焉，曰：……请问，蹈水有道乎？"曰："亡，吾无道。吾始乎故，长乎性，成乎命。与齐俱入，与汩偕出，从水之道而不为私焉。此吾所以蹈之也（《达生》）。	流水			丈夫		长于水中习而成性

223

续表

故事内容	对象		人		人之选择	
	动	不动	动	不动	依乎天理	习以成性
梓庆削木为锯（锯似虎形——郭庆藩疏），锯成，见者惊犹鬼神。鲁侯见而问焉，曰：子何术以为焉？对曰：臣将为锯……必齐以静心……然后入山林，观天性；形躯至矣，然后成见锯，然后加手焉……则以天合天，器之所以凝神者，是其与！（《达生》）		木	梓庆		观天性以天合天	
大马之捶钩（钩，腰带也——郭庆藩疏）者，年八十矣，而不失豪芒。大马曰：子巧与？有道与？曰：臣有守也。臣之年二十而好捶钩，于物无视也，非钩无察也。是用之者，假不用者也以长得其用，而况乎无不用者乎！物孰不资焉！（《知北游》）		钩	大马		用心视察万物资禀	

在属于"人动—对象不动"类型的"游艺"故事中，强调的是动者（人）对不动对象的固有物理天则的体察，这个过程并不短，如解牛的庖丁——"始臣之解牛之时，所见无非（全）牛者。三年之后，未尝见全牛也。方今之时，臣以神遇而不以目视……"；斫轮的轮扁自称"行年七十而老斫轮"；捶钩的大马也是"年八十矣"；而削木为锯的梓庆则更是惟妙惟肖地描绘了其体察物理天则的过程——"臣将为锯，未尝敢以

耗气也，必齐之以静心。齐三日，而不敢怀庆赏爵禄；齐五日，不敢怀非誉巧拙；齐七日，辄然忘吾有四肢形体也。当是时也，无公朝，其巧专而外骨消"。在这类故事中，没有一个高人身怀绝技，可谓没有儒者眼中的任何规矩，这是庄子一班人的傲世；但庄子一班人傲世而不傲物——"独于天地精神往来而不敖倪于万物"（《天下》），所以，这类故事中的高人都乐意历时经年地去体察物理天则，所谓"游于物""乐通物"（《大宗师》），"与物为春"（《德充符》），"与物皆昌"（《天地》），"驰万物"（《天道》），"乐物之通"（《则阳》）"处物而不伤物"（《知北游》），"物物而不物于物"（《山木》）。可以说，这类"游艺"故事中的高人纯然是在"活学活用"庄子一班人的"世界观"和"方法论"。如果说这类"游艺"故事是表明庄子一班人心迹的话，那么下一类"游艺"故事则似乎是要奚落儒者。

在属于"人不动—对象动"类型的"游艺"故事中，强调的是人的"拟物化"，所谓"习以成性"，或是"痀偻者承蜩"中的"痀偻者"身手如枯枝，或是"津人操舟"中的"津人"如鸭子没水，或是"丈夫游水"中的"丈夫""长乎（水）性"。由于对象是可动的，应该说这一类型"游艺"的难度更大。在世人看来，凡难度越大的动作一定越需要技术（规矩）。庄子一班人在此当起了导演，他们把孔子及其门徒请到了这类故事中做大惊小怪（如孔子对游水的"丈夫"说"吾以子为鬼"）的"群众演员"，因为庄子一班人知道，执意于规矩的孔门一定会问东问西的。果不其然，孔门发问了——"子巧乎！有道邪？"（孔子问承蜩的痀偻者），"操舟可学邪？"（颜渊问操舟的津人），"请问蹈水有道乎？"（孔子问游水的丈夫）。这些高人也耐心作答，但并没有直接说出什么技术（规矩）窍门

225

(所以颜渊对孔子抱怨道:"吾问焉而不吾告,敢问何谓也?"),而是叙述了他们"积习成性"的"拟物化"过程,如"五六月累丸二而不坠,则失者锱铢;累三而不坠,则失者十一;累五而不坠,犹掇之也"(痀偻者承蜩),"善游者数能,若乃夫没人,则未尝见舟而便操之也"(津人操舟),而游水的"丈夫"干脆对孔子说:"亡,吾无道。吾始乎故,长乎性,成乎命。"孔子虽问不到什么规矩,但最后倒是受到了现场教育,甚至立场也发生了动摇,不再寻规问矩(循规蹈矩)了,此有孔子当着弟子的面发出的深切感叹为证——"用志不分,乃凝于神,其痀偻丈人之谓乎!""凡外重者内拙"(津人操舟)。

庄子这班人的"游"兴是既高且广的,为免跟不上步履,不如就此歇脚吧。

(原刊《江苏行政学院学报》2007年第2期)

天人系统的意义

先秦儒道两家有所谓"人为"与"自然"之争。在"自然"与"人为"之争论中,儒道两家都有循环论证的色彩。儒家认为仁义礼智是人性的内涵,所以,行仁义礼智乃出于人性之自然,其根本不是对人性自然的破坏。道家认为人性的本然是无为无欲的。所以,基于人性的本然应该遵循无为无欲的准则。这就是说,儒道两家都是先把行为的准则设定为人性的内涵,然后说,依此准则之行为(道家的"无为"也是"为"的一种方式)与人性的自然(本然)是相协调的。

这种循环论证使得儒道两家关于"人为"与"自然"的争论,变成"公说公有理,婆说婆有理"的各执一端的争论。所以,企图从对人性的规定与说明中获得人的行为与人性自然相协调的论证,这是永远解决不了"人为"与"自然"之争的。

在汉代,封建大一统的政权业已建立,如果在理论上解决不了"人为"与"自然"的矛盾,那么,推行对于封建大一统政权来说必不可少的仁义之说,就会失去理论上的支持。汉初的统治者信奉黄老之说,借之以调和"人为"与"自然"的矛盾,这毕竟是权宜之计。如何从理论上解决"人为"与"自然"的矛盾,这是汉代哲学家必须正视的一个问题,提出建立天人系统,不再从对人性论的规定与说明中统一"人为"与"自然"之对立,而是把人及人的行为放在一个更广阔的系统——天人系统中加以审视,这是汉代哲学家对这个问题的一个解决方法。

与如何解决"人为"与"自然"的矛盾这一问题紧密相关的另一个问题是,人群社会与自然万物之间是否不存在各自的特质?这个问题若能得到全面肯定的回答,那么,仁义礼智自然就没有存在的必要,进而也就不存在行仁义礼智到底是人为的还是自然的这一问题了。先秦道家的回答是全面肯定的回答,而汉代哲学家的回答则既不是全面肯定的回答,也不是全面否定的回答。汉代哲学家认为,固然应该把人群社会与自然万物作为同一个系统来加以把握,天人之间固然有着同序、同构、同源的关系,但人群社会仍是需要推行仁义礼智的,且其并不因此构成"人为"。此种观点究竟基于何种理由?

一 天人同序

天人系统的建立首先要破除"方内""方外"的观念,不然,天与人便不可能共纳于天人系统之中。所谓"方内"与"方外"之分,其成立的理由是认定人群社会与自然界有不同的秩序,两种不同的秩序不可相互取代。所以,"方内"与"方外"观念的破除,有待于论证"天人同序"。《易传》即阐述了"天人同序"的观念,而其所阐述的"天人同序"比起道家的"天成秩序观",有更具体、更深入的认识。

《易传》认为,天地万物的变化虽复杂错综,但仍有序可循。"易"的含义有"变易""不易""简易"三层,即虽"变易"而"不易"故"简易"。"变易"指天地人皆处于相感相通的变化之中,"不易"指天地有常数、常理;"简易"指变化有道,人可观察到变化之道,握其要,得其门,以顺应、加入天地变化之大道。

万物之变化乃是指阴阳相易，刚柔相推（"刚柔相推而生变化"）。在阴阳相易、刚柔相推的变化过程中，"时"和"位"是变化的关键，即变化须应时当位，不然必凶。人要得变化之门，加入变化之流，必须识时、位。《易传》因此特别强调"时""位"观念。

"时"是配阴阳相易而言的，"位"是配刚柔相推而言的，即阴阳相易必须应时，应时才能"化而裁之"；刚柔相推必须当位，当位才能"推而行之"。不应时、随时、及时，则阴阳不可能相易而通；不当位、合位、正位，则刚柔不可能相推而行。"时"是为了"中"，"位"是为了"正"，"行时中""居位正"才能阴阳相推、刚柔相易。《易传》认为，万物的变化过程只有"位正"（恰当的地位、限度）、"时中"（恰当的时间机会）才能真正无往不咎，显现一种有条件有节制的"刚"的力量，这种"刚"可称为"刚中"，从而把阴阳刚柔协调起来，这是《易传》讲"时""位"的目的。《易传》既不推崇"柔"，也不盲目强调"刚"，而是认定事物的变化过程必须遵循客观的"时""位"之序，才有持久性的"刚"。所以，与其说《易传》强调"刚健"，不如说《易传》强调"刚中"更为准确。若"刚"不得中正，不知止而妄行，则不仅不能健，而且只能导致"凶"。行时中，居位正，则阳、刚之动乃大乃正。而"正大，而天地之情可见矣"（大壮第34）。这就是说，从"时""位"着眼，便可得入"易"之门，见"简易"之理序。所谓循天、法天，即循法其时、位之理序。

圣人观察到天地变易之则后便作"易"，圣人作"易"的目的之一是"通神明之德"，即对变化莫测的天地人物之化生，"探赜索隐，钩深致远"。圣人作"易"的目的之二是把观察到的天地万物变易之则类推到人群社会，如《四库全书总目提要》云:"夫易者,推天道以明人事者也。"即"昔者圣人之作易也,将以顺性命之理,是以立天之道曰阴与阳,立地之道曰柔与刚,立人之道曰仁与义"(《易传·说卦》)。阴阳、柔刚、仁义,分别使天、地、人共同因循统一的变化之道。仁义之于人群与阴阳柔刚之于天地,其作用是一样的,仁义是圣人把观察到的理序推行到人群社会时,相应地制出的人群的理序——人伦。可以说,圣人即是能把所察见的天地变化之理序落实为人群社会之人伦的人。

在此天人同序的系统中,行人伦并不是为了区分人与天地万物,而是为了统一人与天地万物,使人与天地万物一道遵循同一理序,加入变易之途。践履礼义并不是为了"成圣",而是为了使人立于天地之中。但这样也并不是像道家那样完全自然无为,"不敢为天下先",而是"先天而天弗违,后天而奉天时",人并不是完全屈从于天的,并不是因天人同序而不需要在人群社会中推行人伦。人与天地是同立并存的,这就是"三材",人群社会推进人伦是顺应了或配合了天地变化中的阴阳相易、刚柔相推的运动。所以,推行人伦既不是人为也不是无为,而是人做其应当做的事情,是有所为,从而超越了儒道两家在践礼义问题上的"人为"与"自然"之争。这就是说,对人的行为自然性的论证不是由对人性论的规定与说明去进行的,而是由建构天人系统来完成的,在天人系统中,人的行为的最深刻的依据不是人性论上的依据,而是宇宙论上的依据——人必须拿出自己的行为去配合天地之运行。

天地人为一同序的系统,在此系统中,人不是完全屈从于天,而是"与天地参"。人如何在天人同序的前提下实现"与天地参"?这是《中庸》和《大学》所要阐述的问题。

因天人同序,所以,理顺人群社会之序与认识天地万物存在运行之序之间,是相互促成的。不管是从了解人之序始到了解天之序,还是从了解天之序始到了解人之序,不管是从理顺天之序始到促进人群社会的治平——有序化,还是从理顺人之序始到促进天地万物的化育,都是为了使人与天地并立。《大学》是从理顺天之序始到促进人群社会的治平,《中庸》是理顺人之序始到促进天地万物的化育。它们讨论问题的共同前提是天人同序,共同目的是为了"人与天地参"(《中庸》和《大学》的具体观点在此不详述)。

不管是由人之序而天之序,还是由天之序而人之序,都是在天人同序的前提下,采取类推的方法,把人群社会与天地万物纳入同一系统,认定二者之间存在着一种可以共同依循的准则。其既区别于极力区分人与自然万物的先秦儒家,也区别于主张泯灭"天""人"之界的先秦道家。在同序的天人系统之中,人既不可"人为",也不可"无为",而是应"当为"——为其所当为。在天地人系统之中,"人"作为"三材"之一,其所"当为"之事便是通过循行仁义而"与天地参",促进大地之化育,这种"为"乃是出自人的特性的"为",所以,它理应不是先秦道家所批评的"人为"。这种观点,显然是先秦儒道思想的综合,它站在儒家的立场上确立人伦存在的合理性,而此种合理性的基础,却来源于道家的"人群秩序天成于自然秩序"的理论。

二 天人同构

"天人同序"是指天人之间因有着外在的时位上的协同关系,所以,天人之间可以采取类推的方法而相互过渡。"天人同构"则指天人之间因有着内在的构成上的协同关系,所以,天人之间可以采取类比的方法而相互归一。董仲舒哲学即是对"天人同构"的论证。"天人同构"说包括天人之间的"副数"和"副类"。

首先,"人副天数""天副人数",人是天的副本,天是人的放大。如"人之身有四肢,每肢有三节,三四十二,十二节相持而形体立矣。天有四时,每时有三月,三四十二,十二月相受而岁数终矣"(《春秋繁露·官制象天》)。董仲舒还说:"于其可数也,副数;于其不可数也,副类。皆当同而副天,一也。"(《春秋繁露·人副天数》)就是说,若天人之间无法"以数偶"时,则"以类合"。不管是"以数偶"还是"以类合",都是天人相副的表现形式。

从"类"的角度看,天地万物人事社会无非分为阴阳两大类。从结构与功能的关系上看,相同的结构可以输出相同的功能。天与人因同构而有相同的功能,在董仲舒的思想中,所谓"以类合"其实是以功能合,他把具有相同功能的事物划归为类,阴阳即是事物的两大类功能。阴阳在董仲舒那里具有两层含义:一是指作为事物构成的阴阳之气;二是指作为事物功能、性征的阴阳之类。

董仲舒说天人在数上相副,在类上相合,这只是他展开思想的前提,他真正要阐述的是天人因同构同类而使天人遵循着相同的规则运动着,这种运动的规则既不能说成是天的运动规则,也不能说成是人的运动规则,而是因天人同构同类而产生的天人之间共同的运动规则。所以,并不是人屈从于天,也不是天人之间取得暂时的相互协调,而是天与人统一于既超越而又寓于天人之间的共同的运行规则,即"天人之际,合而为一,同而通理"(《春秋繁露·深察名号》)。

董仲舒说:"圣者法天,贤者法圣,此其大数也,得大数而治，失大数而乱"（《春秋繁露·楚庄王》），"圣人视天而行"（《春秋繁露·天容》），"王者唯天之施"（《春秋繁露·王道通三》）。其所谓的"法天""视天"，并不是像道家那样把"天"视为自然无为而人随之自然无为，董仲舒所法所随之"天"乃是指天之常数、常道，即天之运行规则。这并不是屈人而法天随天，而是人随法自身之运行规则，因为天是人的放大，人是天的缩影，天人的运行规则是相同的。所以，董仲舒说："天所禁而身禁之，故曰易犹天也，禁天所禁非禁天也。"（《春秋繁露·深察名号》）

先秦道家的"天"是一种对文明社会既有的习惯、规范加以彻底清理的价值观意义上的"自然"，而董仲舒的"天"则是具有客观的运行规则的自然界，它本身具有"为"的具体准则和规范。所以，"随天""法天"之为乃是合乎自然的有为，这样，"人为"与"自然"便获得统一。当然，董仲舒的"天"（自然）道家可以不予接受，但道家的"天"（自然）概念因预设了特定的价值取向而包含了不"自然"的成分。为走出此种二律背反的困境，汉代的思想家们才排除"天"之中所蕴含的价值取向。

三　天人同源

"天人同序""天人同构"都只是说明了天人之间的对应协同关系，"天人同源"则要阐述天人皆源生于气，天人在源生上是一体的，在质料的构成上是一致的。

先秦之后，"天人同源"的气化论大为流行。"天人同源"的气化论，首先是要说明人在天地万物中的地位问题。先秦儒家把人与万物的区别夸大了，所以，人必得行仁义以示人与万物之别。"天人同源"的气化论则认为人与万物皆源生于气，人仅为万物中之一分子，并不是不行仁义就称不上人。"天人同源"的气化论要说明的第二个问题是，人与万物皆禀气而形，因形而有性，即人与万物之性皆从自己化生的那一刻始即已被规定了，故人与万物都只能依循自性而运动。这样，既不是像先秦儒家那样为成圣成仁而积极践履礼义，也不是像先秦道家那样体"道"而消极无为无欲。循自性而动既不是有为也不是无为，而是自为。"天人同源"的气化论合乎逻辑地衍生出"自性"概念，这对其后中国哲学的发展将产生重大影响。

先秦道家已有气化论思想，但道家的气化论是侧重说明万物"游于天地之一气""通天下一气耳"，而非强调万物从一气中化生出来。道家的气化论强调万物通一齐一，先秦之后的气化论则强调万物从气中化生从而获得各自的规定性。道家侧重强调人向气中入死，先秦之后的气化论则侧重强调人从气中出生。所以说，气化论虽在先秦道家思想中已经存在，但其与先秦之后的气化论思想之间在立论的目的上是不同的。此一区别不可不辨。

《易传》《淮南子》及董仲舒、王充都认定人与自然万物由阴阳二气化生，所以，人与自然万物在源生上是一体的。只不过因气有清浊之别，所以才有人物之别。

先秦儒家没有说明人的来源问题，所以，其对人性的说明也是较笼统的，只是站在人伦道德的立场上来规定人性，如孔子说"性相近"，孟子说"人性善"，荀子说"人性恶"。"天人同源"的气化论的流行，使得人性的形成问题也得到了落实。并不是每个人的人性无大的差别（所谓"性善"或"性恶"），也并不是把人性道德化，而是把人性多元化、自然化、中性化。"天人同源"的气化论是以人形成化生时禀气的情况来审视人性的，人性的形成与人体的形成是内在地联系在一起的，即《淮南子·原道训》所说的"夫性命者，与形俱出其宗，形备而性命成。"

站在"天人同源"的气化论的立场上看，人与万物之差别并不在于是否具有道德意识，而在于人由精气化生，物由浊气化生。精气与浊气尽管有差别，但仍为同类。就人来说，人与人的差别并不是圣人君子与小人之别，而是因察气不同而造成的贤愚之别。前者是由道德意识觉悟的高低造成的差别，是人为造成的差别，后者则只是资性、察性的差别，是自然造化的结果。在此，性只具有资性、质性的含义，如董仲舒说的"如其生之自然之资谓之性，性者质也。"

若把人性赋上道德的色彩，则人性无非可分为性善或性恶（如主张性无善无恶的告子当即受到孟子的批评）。若把人性视为一个绝对自然、中性的概念，则人性问题便只是人的资性、质性的问题，每个人的人性的差异便呈现为人的资性水平的多样化。所以，秦汉都没有出现过明确划一的性善论或性恶论，而是或主张"性有三品"（董仲舒），或主张人性善恶混（如扬雄），或主张"性三等"（如王充）。人性只是中性的资质，这便剔除了人性善恶的道德内涵。故人性要趋善，只能靠教化，也就是说，善只是人为的结果，而并不是天生的，这是含糊不得的。"性"永远只是个"质"，它不可能有道德意识的内涵，"善"与"性"是必须分开的，不可能有"性善"。人不可改变天所造就的东西，但是人可进一步完善天所造就的东西。天只造就了人的质朴之性，人可因之经教化而臻性善。一般地说，人之为不可代替天之为；个别地说，人之为可进一步开发、完善天之为。正是在此意义上，人可与天地并立而为三，所谓"参天地"也。人虽与天共循一运行规则，但人并非彻底无为，而是有所为。这有所为并不是有为,而只是"继天""成天"而已。如董仲舒说"天、地、人,万物之本也。天生之,地养之,人成之","三者(指天、地、人——作者注)相为手足,合以成体,不可一无也"(《春秋繁露·立元神》),可见,人之所以有必要参天地,是因为人需继天而完成天之未竟之功。人之有可能参天地,是因为人与天共循一运行规则,故可依循此同一运行规则而继天。人不仅法天随天,而且继天成天,天与人根本就不是对立的两极,天之行与人之为乃是依循同一运行规则的同一发展过程中的两个相互对应及相互衔接的阶段。这也正是因天人同构而导出的必然结论。总之,人之为是"法天""随天""续天""成天"之为,而这种"为"并不是如道家之"无为",因为不仅"天"本身具有"为"的准则,而且"天"本身也期待"人"续其未竟之业。正因此,人之为便不能说成是"人为"。

四 结论

先秦儒道两家有关"自然"与"人为"之争之所以谁也说服不了谁,是因为儒家把人性规定为善,故行善乃是自然而非人为。"天人同源"的气化论明确地把善视为人为教化的结果,把性与善分开,这就打破了儒道两家相争不下的僵局。性只是个质,它本身虽不掺和人为,但它并不是必然地要排斥人为,因为"质"是允许加工雕琢的。道家不允许对人性进行加工雕琢,是因为道家不是从"天人同源"的气化论上把人性视为中性的质,而是从天人分立的价值论上把人性规定为自然。道家的自然的人性并不是质上的自然,而是价值论上的自然,价值论上的自然的人性并不是中性的质,它必然要以此自然的价值标准去排斥人为。总之，只有把人性充分地中性化，充分地剔除先秦儒道两家加给人性的善恶、自然无为等价值观念，才能使关于人性问题的"自然"与"人为"之争偃旗息鼓。

人既然是万物中之一分子，故人必须加入万物之变化，人必须有所为、有所动，因人之性而为即是人之所为、所动，而礼义正是人之所为、所动的一种准则，这也就是把礼义自然化、中性化了。行礼义可能使朴性趋于善性，但礼义本身并不即是善性的内涵。人依礼义而所为所动即是为了顺应天地万物之动。在人性成为一个完全中性的概念之后，在人性之外的礼义，对人来说仅仅是一种不带道德色彩的行为准则。所以《淮南子·齐俗训》说："义者，循理行宜也；礼者，体情制文者也。义者宜也，礼者体也。"

把仁义道德和自然无为从人性的内涵中排除出去，人性成为一个不带价值取向的中性的概念，那么，不管是践履仁义礼智还是崇尚自然无为，都与人性的内涵无涉，在此基础上强调因性便可消除儒道的冲突，从因质朴之性入手，可为儒道两家的思想找到一个结合点，后来的郭象哲学可证明这一论断。

徐复观先生在《两汉思想史·自序》中说："两汉思想，对先秦思想而言，实系学术上的巨大演变。所以清代许多学者，认为由两汉以上通先秦，是治学的正确途径的观点，不一定能成立。""天人性命，虽汉儒多求之于外，宋明理学多求之于内，但其指向与归趋，两者并无二致。因此，治中国思想史，若仅着眼到先秦，而忽视了两汉，则在'史'的把握上，实系重大的缺憾。"看到两汉思想在中国思想发展史上的重要地位，这是极有见地的，但本书认为，认识两汉思想必须"上通先秦"。在表面上，两汉思想（宇宙论）对先秦思想而言为学术上的巨大演变，但事实上，两汉思想是依着先秦儒道思想相抗的格局来讲的，它是接过来先秦儒道思想中"自然"与"人为"相争的难题讲的，它并非直接去判断先秦儒道思想之是非，但它却直接地致力于解决儒道的冲突问题，它从"天人同序""天人同构""天人同源"等方面论证了"人为""自然"的统一。它虽侧重于从外在方面来论述"天"与"人"之间的关系，但它所建立的天人系统，排除了蕴含于"天"及人性中的价值取向，突出了"人与天地参"的观念，这有效地解决了"天"与"人"之间的对立，为以后中国哲学（理学）的发展起到了奠基性的作用。

（原刊《中国哲学史》1999年第12期）

从"性"到"理"

——宋儒对孟子人性论的修正

孟子的性善论是为倡道积极入世而设立的,但人性的圆满发展并非一项可"乐观其成"的事业,由"下学而上达"的过程毕竟漫长而艰难,身为孟子,也不得不以"天将降大任于斯人也"自励自慰。宋儒为反击佛、老消极避世,一方面必须承续先秦儒学的正宗,接着讲性善论,但同时又不得不谈"天"说"理","彻上彻下,无精粗本末,只是一理"(《二程遗书》卷八),以此缩短"下学而下达"的过程。从孟子"舍生取义"的悲壮到宋儒"随处体认天理"的洒脱,既是对先秦儒学困境的解决,也是从"性"到"理"的内在逻辑。

一 "中道而立":孟子性善论的提出

在孟子看来,仁义礼智不仅是对人性的成就,而且是内在于人性之中的,是人性的内容。所以,遵循践履仁义礼智不仅是"立己""正身"的工夫,而且是人性自然而然的发挥、成长。不仅不是对人性的压抑扭曲,而且是对人性的成就。"仁义礼智,非由外铄我也,我固有之也,弗思耳矣。"(《孟子》"告子上")"夫义,路也;礼,门也。"(《孟子》"万章下")人很自然地、必然地是"由是路出入是门"(《孟子》"万章下"),人并不是去"行仁义",而是"由仁义行"(《孟子》"滕文公下"),"恻隐之心,仁之端也;羞恶之心,义之善也;辞让之心,礼之端也;是非之心,智之端也。人之有是四端也,尤其有四体也"(《孟子》"公孙丑上")。仁义礼智并不是人性的外在规范,仁义礼智之种子早已播撒到人心之中,它是自然要萌芽成长起来的,践履仁义礼智乃是人性之所趋,人心之所向,是极自然而然的。孟子也是意识到人的自然天性是不应受扭曲压抑的,所以,他极力要把仁义礼智说成是人性的内容,这样,行仁义礼智便成了对人性的顺全。孟子认为,从人的自然发展的立场出发,行仁义礼智并不是人为的,而是自然无为的,即"君子所性,虽大行不加焉,虽穷居不损焉,分定故也。君子所性,仁义礼智根于心,其生色也睟然,见于面,盎于背,施于四体,四体不言而喻"(《孟子》"尽心上")。"不加""不损"即是"顺受其正",没有一点的人为。从人之"自性"发展的立场出发,孟子是反对人为的,他说"天下之言性也,则故而已矣。故者以利为本(朱子"集注"云"利犹顺也"——作者注)。所恶于智者,为其凿也"(《孟子》"离娄下"),即私己之智易陷于穿凿附会,而逆自然之性。孟子与告子对"人性"问题的辩论,其目的不在于辨证"性善"或"性无善无恶",而在于辨证践履仁义礼智对人之自性来说是自然的还是人为的这一重要问题。

但孟子在建立性善论时却犯了一系列逻辑错误。第一,孟子认为仁义礼智是人性的基本内容,所以,行仁义礼智是出于人性的自然。这种推论似乎顺理成章,但事实上,孟子在这一推论的过程中,不仅犯了逻辑上的错误,而且其所选取的论据也是成问题的。孟子与告子辩论时,以水之必然趋下论证人之必然趋善,这是犯了"异类不比"的错误,告子可以反问道:

"既然你那么强调人贵于万物,强调人与万物之相异,为何要作异类相比的论证?"孟子列出以往的经验事实来论证今人的性善,这是一种归纳法的论证,但归纳推理即放大性推理并不具有保真性。孟子把仁义礼智规定为人性的本质内容,然后推出行仁义礼智是合乎人性自然的结论,这是"循环论证"。可以肯定,在循环论证中,其所要论证的命题是不可证明的。孟子为强调人具仁义礼智之心乃人的"良知良能"而提出一条论据是:"口之于味也,有同嗜焉;耳之于声也,有同听焉;目之于色也,有同美焉;至于心,独无所同然乎?心之所同然者,何也?谓理也,义也。圣人先得我心之所同然耳!故理义之悦我心,犹刍豢之悦我口。"(《孟子》"告子上")这种论证也是成问题的。因为孟子自己也说过"食而弗爱,豕交之也;爱而弗敬,兽禽之也",也就是说人与兽禽之间皆有感觉官能上的同好之处,所以,就不可以人具感觉官能上的同好的事实而推论人同好于理义。不然,便把仁义礼智从人性高层次的良知良能降格为人性低层次的自然本能,而这在孟子看来是不能允许的。成为"君子""圣人"只是儒家对人的一种期待,是"成人"的一种价值取向、目标选择、价值判断。但孟子为了论证这种取向、选择、判断的正当性,却在经验事实层面上来寻找论据,把低层次的经验事实与高层次的价值判断混同起来。本来尧舜是圣人,圣人是"成人"的一种最高层次的价值判断,但孟子却把"舜人也,我亦人也""尧舜与人同耳"(《孟子》"离娄下")作为一种事实加以确认。如果把价值判断与经验事实分开,那么,孟子对性善论的论证就缺少了许多经验事实层次上的论据。把价值判断与经验事实混淆的结果是,经验事实世界的大多数人必须去接受他们可能永远达不到的行为标准。如果是这样的话,那么,从儒家的立场看是合乎人性自然的仁义礼智对大多数人来说可能就成了人为色彩浓厚的行为规范。

提示孟子的错误并不是为了彰显孟子的低能,而是为了取得对孟子的进一步同情的了解。事实上,孟子提出性善论,只不过是立了一个虚设的前提,目的是为了增强人的道德感及践履仁义礼智的使命感,孟子也知道,他主张性善论,不过是给人增加一份信心,树立一个榜样,"中道而立",做出跃跃欲试的样子,希望有人跟随上来。此正可谓"取乎其上,得乎其中"——虽明知不能"得其上",但也必须定个高调,预备遭受折扣。

二 唐儒的有限"思量"

先秦之后,"时""命"观念流行,个人的日常行为以俟时安命为则,不思道德修养上的努力与精进。受此影响,孟子的人性说不得彰显。

要使个人的内在修养与外在世事相联系,就不能使个人的行为停留在俟时安命之上。唐代有韩愈的《原道》《原性》,李翱的《复性书》,其目的便是要改变俟时安命的无为观念,扭转儒学与人的日常生活脱节的局面。韩愈在《原道》中说,先王之道从尧开其端,一直传到孔孟,从不间断,惜乎"轲之死,不得其传焉"。韩愈以继接"道统"自命,重新检讨流行于汉代的"生之谓性"之说。韩愈虽也说:"性也者,与生俱生也。"但他紧接着又说:"其所以为性者五:曰仁、曰礼、曰信、曰义、曰智。"(《原性》)这显然是在重申孟子的人性说。这样,讲求心性功夫,便不会沦为与"经世""外王"无涉的空虚之谈。

韩愈把仁义礼智信规定为"所以为性者",所以,修性与现世人伦生活之间是完全一致的。修性并不是发展为个人的养生，而是发展为家国的经世，这就是像孟子的人性论一样，把仁义礼智信规定为人性的内容，然后说遵循仁义礼智信并不违反人性而是人性的完成。故明道先生说："如原道中言语虽有病，然而孟子而后能将许大见识寻求者才见此人。"（《二程语录·遗书二先生语》）孟子以此说明人为与自然的统一，韩愈以此说明内圣与外王的统一。几与韩愈同时的另一位儒者李翱在其《复性书》中也肯定"人之性皆善"，但他并不像韩愈那样直接把仁义礼智信规定为人性的内容，李翱是以《中庸》《易传》为根据，建立起心性学说。李翱正是把天人所共同之序，规定为人性的内容。这样，修心性则不会局限在个人的小天地里，而是外联于天下万物。

"人之所以为圣人者，性也""性者，天之命也，圣人得之而不惑者也""易曰：夫圣人者与天地合其德……天且弗违，而况于人乎……此非自外得者也，能尽其性而已矣"（《复性书》）。这就是说，圣人能尽性而内在地合天地之序，性是天之命于人的，是天地之德内在于人的，性即是人心中的天地之序，所以，对此性的体认，即是对天地万物存在之序、存在之性分的体认。即"唯天下至诚为能尽其性，能尽其性则能尽人之性，能尽人之性则能尽物之性，能尽物之性则可以赞天地之化育，可以赞天地之化育则可以与天地参矣"（《复性书》）。

因天人同序，故体认到天人所共有之序也即可以齐家治国平天下。体认到天人所共有之序是所以能"参天地"的关键。因为天人同序，所以"尽性"必然产生两个结果，一是"赞天地之化育"，二是"齐家治国平天下"。

可见，韩愈、李翱重新申定人性的内涵，增强了人们在修心养性时的道德感和入世意识，指明了"内圣"的目标是"外王"，指明了人在人世间及宇宙间的地位和责任。因此，宋儒对韩愈、李翱屡有赞辞，如明道云："韩愈亦近世豪杰之士。"（《二程语录》卷二）朱子云：李翱"有些本领"，其《复性书》"有许多思量"（《朱子语类》卷一百三十七）。

韩愈、李翱的"原性""复性"工作，自有其时代意义，但他们依然无法解决性善论的理论困难，即性善论在论证人的行为（践履礼义）的自然性时出现的"循环论证"现象。此中原因乃在于人性只能揭示人的存在的"所以然"，而并不揭示人的行为的"所当然"。因此，宋儒对唐儒虽屡有赞词，但还是不得不指出其"言语有病"之处。朱子说："韩退之只晓得个大纲，下面功夫都空虚，要做更无下手处，其作用处全疏""如韩退之虽是见得个道之大用是如此，然却无实用功处。他当初本只是要讨官职做，始终只是这心。他只是要得言语似六经，便以为传道。至其每日功夫，只是作诗，博弈，酣饮取乐而已"（《朱子语类》卷一百三十七）。因此，有必要对"所以然"和"所当然"加以区分，或者，为了确立人的行为的自然性，有必要着重阐释人的行为的"所当然"。"理"作为理学的一个重要哲学范畴，即是要说明人的行为的"所当然"。

三 从"性"到"理"：从"所以然"到"所当然"

在宋儒当中，都程度不同地意识到应在孟子性善论的基础上区分"性"与"理"，或者应把原儒的"性"改造为"理"。只有这样，才能合理地说明人的行为为什么必得如此行为而不能如彼行为。所以，理学初创者周敦颐、邵康节对理、性、命三者分而论之。周敦颐《通书》中有《理性命》章，邵康节《观物内篇》云："天下之物，莫不有理焉，莫不有性焉，莫不有命焉。"明确提出"穷理"才能"尽性""知命"，即人只有充分实践其所应该做的事情，才能进一步展示人之所以为人的本性。所以，圣人之道并不是如孟子说的"率性而行谓之道"，而是如伊川说的"天有是理，圣人循而行之，所谓道也"，即"循理而行谓之道"。张载区分"气质之性"与"天地之性"，其"天地之性"即"理"，如朱子云："论天地之性，则专指理言。"（《朱子语类》卷四）伊川则明确提出"性即理也"的命题，着力把"性"的"所以然"改造为"理"的"所当然"，他把"性"区分为"极本穷源之性"与"生之谓性"之性两种，其所谓"性即理也"之性即"极本穷源之性"。朱子也有意把"性"理解为"所当然"的"理"，即"性，不是有一个物事在里面唤作性，只是理所当然者便是性，只是人只当如此做底便是性"（《朱子语类》卷六十）。宋儒"性即理"的主张，只是为了弘扬"道统"，把孟子性善论的话题接过来，在其基础上着重把"性"的"所以然"改造为"理"的"所当然"。表面上他们把"性"与"理"合一，而实际上，他们对"所以然"与"所当然"是加以区分的，如在理学集大成者朱子那里，已明确指陈"理"具"所以然"与"所当然"二义，他说："使于身心性情之德、人伦日用之常，以至天地鬼神之变，鸟兽草木之宜，自其一物之中，莫不有以见其所当然而不容己，与其所以然而不可易者。"（《大学或问》）又"问《或问》物有当然之则，亦必有所以然之故，如何？曰：如事亲当孝，事兄当弟之类，便是当然之则。然事亲如何却须要孝？从兄如何却须要弟？此即所以然之故"（《荀子》"性恶"）。

宋儒不再像孟子那样注心致力于论证践履仁义礼智是出于

人性之自然，而是注心致力于论证践履仁义礼智是出于理之必然，阐释仁义礼智乃是人的当然理则。此种变化转折意义不凡，即践履仁义礼智不是人性的自然选择而是人性的必然选择，其不仅避开了孟子的"循环论证"的困难，而且避开了儒道之间发生的有关"人为""自然"的无休止的争论。不仅如此，性—理观念的确立，还将进一步取代时命观念。因为万物（包括人）对自身的性—理是不可改变的，人的行为也只能循理、尽性而已。人的行为的顺当与否并不是取决于时势之有道或无道，而是取决于是否循理、尽性。把一己之行为的顺当与否、理想之实现与否说成是决定于时势，这纯是从人群社会的角度来发言的。把一己之行为的顺当与否、理想之实现与否说成是决定于是否循理、尽性，这是从天人系统的角度来发言的。故前者一旦出现行为、理想受挫，便怨天尤人，感叹时运不济，有一种失落感。而后者一旦出现行为、理想受挫，乃说明其行为或理想是一种不可有的人为、不可有的非分之想，说明对自性认识不清，故应继续修身养性，明心识性。在宋儒那里，人之行为只是个循理而已，若是不合理的，便自然行不通。不合理而行不通，这是天经地义的事，这并不表明行为或理想受挫，而恰说明是循理的。所以，并没有进退之分，而只有一个循理之行。当进而进，当退而退，都是为了循理尽性，循理尽性才能从容不迫，无惊无喜。只有确立性—理观念，才能为积极地入世，扫除观念上的障碍。

四 何为"人性善"

人们往往认为所谓"性善"，无非就是孟子所说的人性天生地具有仁义礼智的道德意识。这种观点仅停留于表面，而未能及性善的实质。

为了解性善的实质，不妨先从"性恶"谈起。荀子主张"人之性恶"，其根据是"今人之性""生而有好利焉""生而有耳目之欲，有好声色焉""夫好利而欲得，此人之情性也"。人的行为若以个人的欲为为道向，便"争夺生而辞让亡焉""残贼生而忠信亡焉""淫乱生而礼义亡焉"（《荀子》"性恶"），就是说，非仁非义非礼非智乃是由个人欲为所导致。性恶的内涵并不是非仁非义非礼非智，而是个人的欲为意识。可见，能否遵循仁义礼智，关键在于能否克欲、制欲。而性善与否的根本，不在于能否天生地遵循仁义礼智，而在于能否天生地无欲。若天生地无欲，其行为必合乎道德规范，反之，若行为天生地合乎道德规范，当然也表明其天生地无欲。天生地无欲是指就人的本然状态而言，他是无欲的，但这并不等于说人在实际生活中也是无欲的。因为在实际生活中，人的本然状态往往要被万般物事侵扰，从而随时会滋生欲为。儒家的修养论都是针对人在实际生活中欲为的发生而设立的，故儒家的修养讲"克欲""寡欲"，如孔子要求"绝四"——"毋意，毋必，毋固，毋我"，其目的在于杜绝个人的自以为是、随意欲为。孔子说的"克己复礼为仁"，"克己"即指克制个人的欲为——"非礼勿视，非礼勿听，非礼勿言，非礼勿动"，孟子也明确地说过"养心莫善于寡欲"。

若依上述道理来分析，道家在人性论上显然也是主张性善的。

孟子认为，人天生地具有仁义礼智的道德意识，这是先秦儒学所理解的人性善。道家非议先秦儒学，并不是反对其主张人性善，而是反对其所主张的人性善的内容。老庄都认定人的本心是澄明的，是没有欲为遮蔽的。因为人的本心是澄明无蔽的，由此出发，人的存在与行为便是无为无欲的，此无为无欲指人与自然万物是平列的，指人不可能也不应当有基于人类或个己的、特别的欲为。所以，人的存在和行为可以必然地循守于天地万物间的自然秩序。因为人无个己的欲为，则人际间自然没有纷争，从而也就无须以礼义加以教化。所以，《荀子·性恶》里说："性善则去圣王，息礼义矣。"荀子的话证明了主张"息礼义"的道家，恰好是性善论者。因道家反对仁义礼智而认为其不是性善论者，持此观点者乃没有认识到性善的实质，而把先秦儒家的性善主张作为性善论的唯一形态。所谓人性善的实质是认定从人的存在本然上看，人是无欲的，坚信从人的本然存在出发，可以追求到一种力所能及的完美与和谐。先秦儒家对人生所抱持的一份乐观与自信，道家对人生所抱持的一份豁达与宽容，皆缘于此。

在先秦儒家看来，人是优异于自然万物的。所以，人群社会的秩序也理应有别于天地万物的自然秩序。先秦儒家致力于把个己的存在与行为纳入人群社会的秩序之中，并促使两者达成整体性的和谐。儒家所认定的人性善，是达成此整体性和谐的根本保证，它先在地设定了人的行为是必然可以循守于人群社会的秩序的。道家的世界比先秦儒家的世界要宽广许多。道家认为，人与自然万物是平列的，所以，人群社会自身并不需要制定一种有别于自然界的秩序，或者说，人群社会的秩序是天成于天地万物间的自然秩序的。道家致力于把个体的存在与行为纳入宇宙自然的秩序之中。道家说的"自宾""自得""自化"，即是对"道"所揭示的天地自然存在和运行的法则加以自觉履行而获得的存在状态与感受状态。道家所认定的性善，是达成此种存在状态与感受状态的根本保证。

五 如何"极有功于圣门"

在孔孟的言论中,虽也提到"克欲""寡欲",但毕竟没有对"私欲"的存在予以足够的重视,也没有对"私欲"的存在予以坦诚的承认,因为如果把私欲问题放到首要位置,孟子性善论就会受到动摇。但是,"私欲"在人们的实际生活中又是客观存在的,后来的儒者对"性恶论"表面上可不加接受,但实际上却不可不加接受。故宋儒不得不对人性论的内容加以调整。这种调整表现为主张人性的多元化,如"天地之性"和"气质之性"并存等。总之,先秦之后的儒者不再主张纯性善论了。朱子一方面把孟子性善论作为道统之正宗,另一方面却赞扬横渠提出"气质之性",他说:"气质之说,起于张、程,极有功于圣门,有补于后学。前此未曾有人说到。故张、程之说立,则诸子之说混矣。"为什么说"极有功于圣门"?因为宋儒此时必须正视到情欲在人的日常生活中的存在事实,正视到情欲对孟子的性善论所构成的威胁。而"天地之性"和"气质之性"的提出,一方面既接续了孟子性善论的道统正宗,另一方面又正视到情欲存在于人性之中这一事实。在人性中区分"天地之性"与"气质之性",则可避免此威胁。宋儒不得不给一千多年前的孟子打圆场,"若乃孟子之言善者,乃极本穷源之性"(《二程遗书》卷三),"孟子言性之善,是性之本"(《二程遗书》卷二十二上),倒是朱子较直爽地说:"孟子说性善,但说得本原处,下面却不曾说得气质之性,所以亦费分疏。"(《朱子语类》卷四)程朱一派之所以提出"天地之性"和"气质之性"的分别,是要通过对性善、性恶之争的消解,以安顿"天理"和"人欲"的问题。其实"天地之性"即是孟子的"性善","气质之性"即是荀子的"性恶"。

在理学家那里,虽然承认了人欲的存在,但性善论的立场是不可放弃的。不过,理学家所坚持的性善论的内容有了变化。朱子说:"论天地之性,则专指理言。"而"天地之性"——理,是蕴藏于虚明之心中的,即"心虽是一物,却虚,故能包含万理""心之全体湛然虚明,万理俱足"(《朱子语类》卷五)。可见,理学所谓的"性善"乃是指人的虚明之心包含"天地之性"——理,而这正是道家的性善论。

在先秦儒家中,更多的是谈道德践履,侧重于"外王",并没有为如何防止、克服"私欲"提供一套有效的修养方法。而"人欲"的客观、普遍的存在,道德礼义的推行必然产生严重的虚伪,人性论的内容发生了变化,如何对待人性中的另一方面——情欲、"气质之性"便作为一个重要问题摆到了他们的面前。于是,要实现"外王",就必须先实现"内圣"——自我超越,这就是先秦之后的儒家大谈心性修养的原因。他们虽然明知"人欲"的客观存在,但却仍要极力坚持性善论。他们之所以这样做,是因为只有坚持性善论,才能为自我生命的精神超越——"内圣"提供坚实的依据,才能保证心性修养、道德践履的有效性与可行性。先秦儒家的性善论不可能回答何以"内圣"及如何"内圣"的问题,所以,先秦之后的儒家不得不采纳道家的"心本明"的人性理论来阐述"内圣"(如玄学家、理学家),因为道家的基于心本明之上的一套静修方法("无为""心斋""坐忘"),正可辟一条去人欲、实现"内圣"的途径。而他们之所以可以顺当地吸纳道家的人性理论以取代孟子的人性理论,并且在进行这种更替之后仍可以宣称接续了儒家的道统正宗,原因在于先秦儒(孔孟)道两家的人性论都属于性善论。而理学之所以可以在实现基于道家人性论之上的

"内圣"之后,进一步阐发儒家的"外王"理想,原因在于先秦儒道两家的人性善理论都认定从人的人性本然出发,人的行为可以先天地依循、符合于形下世界存在和运行的秩序(包括人群社会秩序),实现精神的超越。

(原载《情理之间——冯达文教授七秩寿庆文集》,巴蜀书社,2011年)

理学的道家化

冯友兰先生称宋明理学为"新儒家",这是一种具有广泛代表性的看法。但以"新儒家"这三个字能否准确概括宋明理学的特质?我认为,与其说宋明理学是"新儒家",不如说宋明理学是"新道家"。因为正如陈鼓应先生所说的,"到了宋明理学时期,儒学发生了第三次重大质变。理学的伦理政治部分虽属儒家的特点,但其理论结构、思维方法、人生修养,都已道家化和佛学化了"(《老庄新论》页354,香港中华书局1991年版)。我个人极赞同陈先生的这一论断,并拟从以下三个方面展开具体的论述。

一 在对人与万物的关系及人性的看法上,理学是站在道家的立场而非站在儒家的立场

儒家很看重"人",认为"人"是万物之灵,"人"是不能与自然万物、飞禽走兽相提并论的。孔子说"鸟兽不可与同群"(《论语·微子》),孟子说"人之所以异于禽兽者几希"(《孟子·离娄下》),后来的荀子更明确地说"水火有气而物生,草木有生而无知,禽兽有知而无义,人有气有知亦且有义,故最为天下贵"(《荀子·王制》)。在先秦儒家看来,人性的基本内涵就是仁义礼智,由此树立起人为万物之灵的观念。

道家要否定仁义礼智对人所具有的意义,就必须从根本上

破除人为万物之灵的观念。道家认为，人并非万物之灵，从"道无为而无不为""道生万物"，尤其是从"气化万物"的立场上看，人与万物在本质上是一致的。老子说："天地不仁，以万物为刍狗。圣人不仁，以百姓为刍狗。"（《老子》5章）如果说老子是从万物"自宾""自化""自正"而合乎自然之道的角度平观人与天地万物的话，庄子则从气化万物的角度平观人物。在庄子看来，人也只是一物，岂能以此物凌驾于他物之上？"今一犯（范）人之形，而曰人耳人耳，夫造化者必认为不祥之人。今一以天地为大炉，以造化为大冶，恶乎往而不可哉"！（《庄子·大宗师》）庄子说："其一与天为徒，其不一与人为徒。"（《庄子·大宗师》）显然，把人突出于万物之上，正是庄子所反对的"不一"。

道家认为，作为万物一分子的人，其本然之性是无欲为的。老子说的复归于"婴儿""无极""朴"（《老子》28章），皆是指称人性的本能作态——浑然无欲为。人只有复归其本然，才算找到了"深根"。庄子不断强调"不失其性命之情"（《骈拇》），在他看来，人之性命之常情是无为无欲，如庄子说："君将盈嗜欲，长好恶，性命之情病矣"（《徐无鬼》），"君子不得已而临莅天下，莫若无为，无为而后安其性命之情"（《在宥》）。无为无欲是人性之本然，从道家自然主义的立场上言，人性之本然即是人性之当然、人性之本质。

在道家看来，人的本性是无为无欲，故人心是虚静澄明，不受欲为遮蔽的。如果说道家把欲为视为对人性的反动，视为对人性本然的存在构成一种恶行，那么，道家所主张的无为无欲的人性论其实也是一种性善论。不过，儒家的性善是指人心天生地具有仁义礼智的自觉意识，道家的性善则指人心天生地是澄明无蔽的。

在对人与万物关系的问题上，理学接过道家的看法，屡屡强调人只是万物中的一分子。"人但物中之一物耳，如此观之方均"（《张子语录》上），"合内外，平物我，自见道之大端"（《张载集·理学经窟》）。二程也认为，人只是一物，"人居天地气中，与鱼在水无异"（《遗书》卷十五），"人在天地之间，与万物同流；天几时分别出是人是物？""人能放这一个身公共放在天地万物中一般看，则有甚妨碍？""放这一个身，都在万物中一例看，大小大快活"（《遗书》卷二）。这就是"平物我""物我兼照"。若一定要去区分我与万物的区别，便是"私"。总之，把人视为万物中之一分子，这是理学家们立论的前提。

理学家们强调人亦为一物，目的是破除物我相对待，而破除物我相对待，是为进一步去除欲为。因为人物相形，便为物欲产生。若有一个"我"在，便会产生私心、私意。只有平观物我，才能做到"无我"。只有"无我"，才能"以物观物"而"大心""尽心""虚心"。可见，理学把人视为万物之一分子，目的是为了说明心性问题。张载有一段话对此说明得很清楚，他说，"身与物均见，则自不私，己亦是一物，人常脱去己身则自明。……今见人意、我、固、必以为当绝，于己乃不能绝，即是私己。……鉴己与物皆见，则自然心弘而公平"（《张载集·理学经窟》）。

既然人本质上是万物的一分子，那么，人本质上是无我无欲为的，即人心究其本然言，应是虚明的。人心有时虽偏暗不明，"然其本体之明，则有未尝息者，故学者当因其所发而遂明之，以复其初也"（《朱子语类》卷四）。理学家虽也推崇孟子的性善论，但在理学家看来，先秦儒家所谓的善性，只有在心虚明的情况下才可能安顿落实。张载说："圣人虚之至，故择善自精"(《张子语录》中)。"虚者，止善之本也"(《张子语录》上)。《正蒙》在讲"大心"之后紧接着讲"中正""至当"，就是有见于此。朱子也说："'虚心顺理'，学者当守此四字""学者功夫，但患不得其要。若是寻穷得这个道理，自然头头有个着落"(《语类》卷八)。可见，理学虽没有公开否弃先秦儒家的行善理论，但其已经把道家的心本虚明的人性论确立为更根本的性善内容。

综上所论，理学在对人与万物的关系及人性的看法上，从立场到思路，都是直接依照于道家的思想的。

二 理学依照道家的"天成秩序观"，把礼义人伦自然化、无为化

既然人在本质上只是自然万物的一分子，那么，人也就不需要以仁义礼智特别地加以教化。人与人组成人群，人群之秩序若无须以仁义礼智的人伦规范来维系，该以什么来维系？道家认为，人既然是万物的一分子，那么，人只要与自然万物一样，依循于自然天成的秩序就可以了。人与天（自然万物）是同等一致的，故"治人"其实是个"事天"的问题，人群社会秩序的维系不是取决于推行仁义礼智，而是取决于"事天"。所以，老子说："人法地，地法天，天法道，道法自然。"(《老子》25章) 庄子说："既受食于天，又恶用人"(《德充符》)，"古之真人，以天待人，不以人入天"(《徐无鬼》)。所以，"知天之所为"，也就可以"知人之所为"(《大宗师》)。这样，人为的仁义礼智也就没有存在的必要了，如庄子说："礼者，世俗之所为也，真者，所以受于天也，自然不可易也。故圣人法天贵真。"(《渔父》) 维持人群社会秩序最有效的方法是以自

然万物存在、运行的秩序、准则来组织、治理人群社会。

道家反对仁义礼智，但他们并不是反对人群社会需要秩序，只是强调人群社会与自然万物之间是同序的，"治人"者应通过"事天""察天行"和体道的方式来把握、认识人群社会的秩序。所以，柳宗元说："余观老子亦孔子之异流也，不得以相抗……皆有以佐世。"（《柳河东集·送元十八山人南游序》）道家在把人群社会秩序与自然万物秩序等同而观的同时，也就把人群社会秩序自然化了，把对人群社会秩序的维系无为化了。

理学正是依照道家的这一"天成秩序观"，展开其对礼义人伦的论述的。理学肯定人与万物是同体一理的，"诚一于理，无所间杂，则天地人物，古今后世，融彻洞达，一体而已"（《程氏经说》卷六·中庸解）。"道一也，岂人道自是人道，天道自是天道？"（《二程遗书》卷十八）"这理是天下公共之理，人人都一般，初无物我之分"（《近思录·格物穷理》）。人作为万物的一分子，其所具有的理则与万物所具有的理则并无本质的区别，这不仅因为人也仅是一物，而且因为人与物之理都是从天人所共有的一理中分殊出来的，即"以其理而言之，则万物一原。固无人物贵贱之殊"（《朱子语类》卷四）。

"理是有条理，有文路子。文路子当从那里去，自家也从那里去；文路子不从那里去，自家也不从那里去。需寻文路子在何处，只挨着理了行"（《朱子语类》卷六）。"有理必有则"，人及万物循自然天成的理则而存在、发展，便自然形成各自的存在秩序。这种理则、秩序是不可变更的，"万物皆有理，顺之则易，逆之则难，各循其理，何劳于己力哉？""天理如此，岂可逆哉？"（《遗书》卷十一）

对人这一物来说，其理则便是仁义礼智，"所谓天理，复是何物？仁义礼智岂不是天理？君臣父子兄弟夫妇朋友岂不是天理?"(《朱子文集》卷五十九)"夫有物必有则。父止于慈,子止于孝;君止于仁,臣止于敬。万物庶事,莫不各有其所"(《二程遗书》卷十一)。故"礼即是理也"(《二程遗书》卷十五)。可见,仁义礼智对人来说只是一种自然的理则。面对这种自然的理则,人只要无为而应循之,从而自然会出现人群社会的秩序。这种自然的理则是中性的、自然化的,它超越了善恶的价值判断。所以,行礼义并不是出于人性之善,而是出于自然理则之当然,如张载说:"不得已,当为而为之,虽杀人皆义也;有心为之,虽善皆意也""徒善未必尽义"(《正蒙·中正》)。站在"理一分殊"的立场上看,仁义礼智是天人共有的大全之理在人这一物上的落实(即"得"),"如月在天,只一而已。及散在江湖,则随处可见"(《朱子语类》卷九十四)。这正如"道"与"德"的关系一样,"德是道在某一点上停留下来的"(冯友兰《先秦道家哲学主要名词通释》,见《老子哲学讨论集》页103,中华书局1959年版)。仁义礼智在理学的框架中,正相当于道家所说的"德"。而"德"自然是非人为、非善恶的。

理学认为,作为一物的人,其存在的理则、秩序与万物存在的理则、秩序,都是天成于天人共有的大全之理,即"天地只一道也""物我一理"(《遗书》卷十八)。所以,"才通其一,则余皆通","才明彼即晓此"(同上)。理学由此认定,要显现、促进人群社会的理则、秩序,必须从显现自然万物的理则、秩序开始,要"齐家治国平天下",必须先从"格物致知"开始,由"明于庶物"而"察于人伦",这就如道家主张的要"治人"就必须先"事天"。这就是说,人群社会秩序的维系,只不过是沿循天地自然之秩序的结果。

综上所述,断定"理学依照于道家的'天成秩序观',把礼义人伦自然化、无为化"的理由有如下三点：一是在理学看来，人群社会的理则、秩序与天地万物的理则、秩序是同道一理的，两者之间并不具有质的区别；二是在理学看来，人群社会的理则、秩序是自然天成、不可增减更改的，人只要无为而应循之即可；三是在理学看来，人群社会的理则、秩序的显现，须经由体认自然万物的理则秩序来完成。这些都使得理学的人伦观褪去了先秦儒家人伦观的人为色彩与善恶评判的价值论色彩，从而趋近道家的自然、无为、中性的人伦观。

三 理学依照于道家的"明镜说"，建立"内圣外王"的理论体系

在老子哲学中，作为境界意义的"道"的显现，即是万物一体澄明的存在。万物存在的一体澄明有待于万物各复归其根。而人只有息欲为、任物自然，"致虚极，守静笃"，才能体察到这种状态。"道"即是人以息静无为的心态所体会到的万物间充满秩序、宁静一体的境界。"道"的境界的显现当然并不是指在自然界中显现出一种万物澄明一体的风光。老子说万物复归其根，并不是对物进行调整，而是对人加以调整，是"就人的内在主体性、实践性这一方向作复归，人心原本清净圆满，因后天种种欲望与知识而被骚扰，故应舍弃人欲以复归其原本的清净圆满"（福光永司《老子》，转引自陈鼓应《老子注译及评介》）。人心如一明镜，拭去蒙蔽于其上的尘污——欲为，也就复原为清净圆满，以此清净圆满之心去观照自然万物，万物存在之自然性、秩序性也就映现其中，澄明的秩序性显现出万物的整体性、贯通性。

在庄子哲学中，"道"也是指以虚静之心映照万物时所显

现的万物一体的境界。庄子说"唯道集虚,虚者,心斋也"(《人间世》),为了体道,必须虚心息欲,即"心斋"。虚之心可集道于怀,因为虚之心若明之镜,遗万物而使万物不遗,"无为名尸,无为谋府,无为事任,无为知主。……至人之用心若镜,不将不逆,应而不藏,故能胜物而不伤"(《应帝王》)。心静欲无,则可应天地万物之大化,体万物化一之道境,如庄子说:"水静则明,烛须眉,平中准,大匠取法焉。水静犹明而况精神乎!天地之鉴也,万物之镜也。"(《天道》)

尽管老庄之"道"不尽相同,但他们的体道方式都可称为"明镜说"。其特点有二:一是强调以虚静之心去体察万物的贯通一体,从而显现"道"的境界;二是"道"的境界并没有与具体的事象世界相脱节,"道"的境界即是天地万物的一体贯通,"道"的境界并不是经过否定各具体有限存在物而获得,而只是因包含了它们从而超越了它们。《庄子·天下》言称老子之说"以空虚不毁万物为实",因为在老子哲学中,虚静澄明的"道"境虽是对各具体有限存在物的超越,但其恰有赖于各具体有限存在物的"自宾""自化""自正"。形而下层面的澄明,即是贯通的形而上之境。

理学就是依照了道家"明镜说"的上述两个特点,而建立起"内圣外王"理论体系的。

理学家说的"存天理,去人欲"的落实功夫就是"格物"。为什么"格物"可以去人欲?因为人欲是产生于人与物的相对待,人物相形,便有物欲。人一旦面对着物的世界,便有非分之心想去逐物、占有物。这是由于人没有认识到人与物及物与物之间固有的"分""理"。从而人便大胆妄为,不知"止""定"。人若了解了"分"与"理",便知"止"与"定",便不会生出物欲。"格物穷理"正可以使人认识到天地万物固有的、不可增减只可严格遵循的理则性分,从而循理而行,有"止"有"定",免除物欲。伊川云:"格,至也,言穷至物理也"(《遗书》卷二十二上),"须穷极事务之理到尽处,便有一个是,一个非,是底便行,非底便不行"(《朱子语类》卷十五)。这就是知至而知止,"知止而后有定,只看此一句,便了得万物各有当止之所;知得,则此心自不为物动"(《近思录·为学大要》)。不逐物而是应于物,"廓然大公,物来顺应,上不沦于空寂,下不累于物欲"(《朱子语类》卷十五)。

理学认为,人心本是虚明的,只为物欲所蔽而显偏暗,若格物穷理知至知止行定欲去,则可复显虚明之心。"所谓'明明德'者,是就浊水中揩拭此珠也。"(《语类》卷十二)"须是去物欲之蔽,则清明而无不知;穷事物之理,则脱然有贯通处。"(《语类》卷九十九)"至于用力之久,而一旦豁然贯通焉。则众物之表里精粗无不到,而吾心之全体大用,无不明矣。"(《大学章句补格物传》)复明了心中所具之万理,即实现了"内圣"。可见,理学所说的"格物穷理",实为去物欲、私欲而实现"内圣"的功夫,冯友兰先生指出:"朱子所说格物,实为修养方法,其目的在于明吾心之全体大用。"(《三松堂全集》卷三)

由上述所论可见,理学实现"内圣"的道路正是道家体"道"的道理。理学认定人心虚明足具万理,认定要实现"内圣"就必须去欲焉,通过"格物"的功夫消除澄明之心的遮蔽物——欲为,从而体察到贯通一体的理世界。这贯通一体的理世界映现于无遮蔽物的澄明之心中,这是典型的道家的"明镜说"。

实现了"内圣",为什么可进一步致"外王"?因为理学采纳了道家的"天成秩序观",把人群社会秩序与自然万物秩序等质同体而观。自然万物之理与人群社会之理都是"理一分殊"的结果,都是与人内心中的大全之理一脉相通的。人以澄明之心体察到贯通一体的理世界之后,人之应事接物只是循理、推理而行,而其循理、推理之所行不仅指应物顺物,而且指"修齐治平"。这应算是"顺理成章"的事情,如朱子说:"致知、格物,是穷此理;诚意、正心、修身是体此理;齐家、治国、平天下,只是推此理"。"自明明德至于治国、平天下,如九层宝塔,自下至上,只是一个塔心。四面虽有许多层,其实只是一个心。明德、正心、诚意、修身,以至治国、平天下,虽有许多节次,其实只是一理。须逐一从前面看来,看后面,又推前面去。"(《语类》卷十五)

实现了"内圣",为什么必须进一步致"外王"?因为理学的形而上学的理世界也如道家的形上世界一样,是没有与具体的事象世界相脱节的,这是道家"明镜说"的一个重要特点。朱子说:"吾儒言虽虚而理则实;若释氏则一向归空寂了。"(《语类》卷一百二十六)"释氏自谓识心见性,然其所以不可推行者何哉?为其于性与用分为两截也"(《语类》卷一百二十六)。因为理学的"内圣外王"之论与道家的"明镜说"暗通,故理学家虽表面上反对老氏,但对老氏之评论却仍不乏褒词,如朱子说:"禅学最害道。庄老于义理绝灭犹未尽。""谦之问:'佛氏之空,与老子之无一般否?'曰:'不空佛氏只是空豁豁然,和有都无了,所谓终日吃饭,不曾咬破一粒米;终日着衣,不曾挂着一条丝。若老氏犹骨是有,只是清静无为,一向恁地深藏固守,自为玄妙,教人探索不得,便是把有无做两截看了'。"(《朱子语类》卷一百二十六)正因为强调本末一理、有无一体,所以,论性理的理学必然是要"经世"的,"就日用常行中着衣吃饭,事亲从兄,尽是问学"(《语类》卷八)。穷理尽性必须从"眼前底"着手,若实现了"内圣"而不进一步就眼前底平实物事处经世济用,开出"外王",则将如释氏一般"一向归空寂了"。

从理学采纳了道家的"明镜说"而建立起"内圣外王"理论这一事实来看,其与先秦儒学的区别在于重新调整了对形上之境的追寻方式,即从对外在的人伦道德规范的践履,转向对内在的本明之心的体认,由道德实践为先,转为心性修养为先。这种变化,愈益明显地表现了理学的道家化发展。

最后简要说明一下儒家发展到理学的阶段,为什么要走道家化的道路。

先秦之后,人性善理论出现了变化。这种变化表现为思想家们都趋于主张多种成分并存的人性论,如"性三品"(董仲舒)、"性无善无恶"(扬雄)、"性三等"(王充)、"天地之性"与"气质之性"并存(理学家)。朱子一方面把孟子性善论作为道统之正宗,另一方面却赞扬横渠提出"天地之性"与"气质之性"的区别是"极有功于圣门"的。为什么说"极有功于圣门"?因为理学家此时必须正视到情欲在人的日常生活中存在的事实,必须正视到情欲的存在对先秦儒家的性善论所构成的威胁。人性论的内容发生了变化,那么,如何对待人性中的另一面——情欲、"气质之性",便作为一个重要问题摆到了理学的面前。

道家的人性论一方面既在理想层面(源头处)肯定了人心本虚明,另一方面也在事实层面承认了人欲的存在。理学一方面可以通过道家的虚明之心来容涵万理,以此来确认人的"天地之性",从而与正统的儒学性善论不相冲突。另一方面,道家基于心本明之上的一套去人欲的静修方法正可为克服人性中的情欲找到途径。理学采纳道家的人性论,正可收到两全其美的效果。

"人为"与"自然"的对立,是先秦儒道两家相争的焦点问题。事实上,先秦儒家也并不承认存在有"人为"与"自然"的对立。因为其把仁义礼智设定为人性的基本内涵,从而推行仁义礼智不仅不是对人性自然的扭曲,反而是人性发展的自然完成。但显而易见,儒家在作这种设定和推论时,犯了循环论证的错误,其终究无法解开"人为"与"自然"的矛盾。所以,儒学的进一步发展必须正视这一问题。

道家的"天成秩序观"无疑提供了一条解决这一问题的路径,它在把人群社会的秩序规范自然化的同时,也就使推行人伦无为化,从而取消了"人为"与"自然"的对立。但事实上还存在着两个问题。第一,人群社会秩序为什么可以天成于自然万物的秩序?为回答这个问题,理学还得像道家那样主张人也只是万物中的一分子,人与万物可以等质同体而观,以此破除人为万物之灵的观念,确立人群社会秩序与自然万物秩序等质同体的思想。第二,人为什么可以体察到天地万物人群自然的天然秩序?为回答这个问题,理学在采纳道家"天成秩序观"的同时,还得一并接受道家的"明镜说",借以说明人心是本明的,说明人心是自然可以体察到万物间的理序的。至于人心为什么是本明的,则存而不论,只好把人心本明视为一种合"理"的设定。

理学在儒学外观之下,无不透露出道家的体态、风骨与气质。如果说理学是一种儒道互补的理论,那么,这种儒道互补的实质是以道家思想阐释儒家思想。

(原载《道家文化研究》第二辑,上海古籍出版社1992年)

语词密林里的儒踪、道影与佛光

为什么我想从语词的角度去看儒、道、佛呢？语词、语言是思想最基本的载体，如果现在把所有的书面语都抽掉，我们就不太会讲话，或是非常吃力、啰唆。中华文化源远流长，已经渗透到我们日常使用的一些词汇上，只要我们开口讲话，其实随时都在跟传统文化中的一些基本理念打交道。如果对于我们日常使用的语词有些许文化的自觉和理解，你就会觉得我们还是活在跟传统文化有密切联系的文化空间里的。所以，从中国人日常用语的角度，可以看到构成中国传统文化三大支柱的儒、道、佛思想在当代中国的遗存、流变与发展。

一 儒、道、佛的"大传统"与"小传统"

美国著名人类学家雷德斐尔德（Robert Redfield）在1956年出版的《乡民社会与文化：一位人类学家对文明的研究》中提出了"大传统"与"小传统"的概念。"大传统"是由知识精英掌控的书写的文化传统，见于传世之经典的论述。"小传统"与之相对，主要是来自民间百姓，根据个人的背景、生活实践与经历，形成了自己对大传统的理解，并借由口传形成的大众文化传统。在中国，学者也常说精英文化、雅文化与大众文化、俗文化，精英文化、雅文化比较类似于"大传统"的内涵，大众文化、俗文化类似于"小传统"的内涵。归结起来就是，大传统、精英文化、雅文化属于上层，小传统、大众文化、俗文化属于下层。

先说儒家。

为什么用"儒踪"来形容儒家？因为儒家是入世践行的，看重"立德""立言""立功"之"三不朽"，希冀在世上留下踪迹。

每一个受儒家熏陶的知识分子，都很有抱负，"修身养性齐家治国平天下"，相信"立己"而"立人"，进而淳化社会。儒生一开始就是一些礼教之士，礼的实践非常重要，多是"国家"层面的一些政治生活。大传统的、精英的儒家文化就是修身养性，秉持气节，逐渐入世。大家耳熟能详的一些话，包括"士可杀不可辱""匹夫不可夺志"等，都可看出士大夫对修身养性的重视，对气节的坚守。

在儒学的践行过程中，也逐渐形成了一些下层的特色，这对普通民众的影响体现在敬祖、孝道。儒家一定要追溯自己的祖先，一个人来到这个世界上是比较孤零、漂泊的，但追溯祖先，就是与一种更宽广的精神体验连接，从中得到超越。与敬祖密切相关的是孝道。《论语》里"亲亲相隐"之说，父亲做了什么不光彩的事情，做儿子的一定要隐瞒。不是现在提倡的父亲犯法了还要求儿子去检举，儒家认为这是不对的，完全不近人情。当然，儒家还讲大义灭亲，但并不是为了什么别的"义"把亲情扼杀掉，唯有为君臣之义方可以绝父子之情。亲亲相隐的准则在中国的历代法律当中都有体现，无论是汉律、唐律、宋律、明律，还是清代的大清律例，都讲到对于儒家这种对亲情的崇奉，高度肯定孝道作为中国的基本伦理。比如说儿子犯法了，父母年龄很大了，考虑到孝道，这个儿子甚至可以不用去服刑。

次说道家。

为什么以"道影"形容道家?"影"为物体挡住光线时所形成的四周有光、中间无光的形象,这比较像道家。道士是一些失意或退隐之士,对现实是很抗拒的,他们愤世嫉俗呼啸山林遗世独立卓尔不群,很有批判性,是比较出世的。儒家入世,中规中矩,道家反其道而行之,一心想跨越世俗社会的限制和边界,在光影绰约处流连逍遥,可谓超世。"大传统"意义上的道家还强调清心寡欲,对自己的欲望调整再调整,修持再修持,不断地把自己的欲望调适到最低。道家对下层的影响主要体现在道教上,长生不老的传说,消灾祈福的愿望,是道家"小传统"的体现。

再说佛教。为什么以"佛光"形容佛教?

佛教从东汉开始传入中国,也有人考证是西汉,盛行于隋唐,之后一直延续,影响巨大。佛(Buddha)在梵文里是"觉者",指能够领会到真谛的一些人,追求脱离生死轮回的痛苦和人世的烦恼,即追求来世解脱(Moksha),解除妄想烦恼的束缚,脱离生死轮回的痛苦,获得自在。因无所阻挡故"佛光"闪烁。

在上层,佛教教导人超脱生死,对任何事情都不可太执着。看破红尘,听起来很消极,但实际上很潇洒超脱,任何事情都不可以太固定化,任何事情都有各种因缘关系在维系。对于下层的老百姓来讲,佛教就是吃斋念佛,随缘,不要太追究过错。还有一个就是"报应"的观念,这个挺有震撼性和约束力,说你现在什么事情没有做好,以后会遭到报应,会轮回,不得好死。不过这个"不得好死"的说法还是以儒家的观念为底色的,在佛教看来,死并不是什么可怕的事情。

二 儒、道、佛的共通追求及其现世遭遇

儒家和道家在历史上不可截然分开，有一句话叫作"士大夫可进可退"，人生得意的时候你可以救国救民，兼济天下；失意的时候可以回归自己的内心进行修炼，独善其身。在一个士大夫不同的人生际遇中，儒家和道家的精神都可以体现出来，并无对立。

佛教刚传进中国时，和儒家的关系有些紧张。东晋高僧慧远曾写下佛学文章《沙门不敬王者论》，说出家人没有必要敬奉皇上，在家的居士可以敬奉。儒家说"身体发肤，受之父母，不敢毁伤，孝之始也"，你没有权力处置你身上的东西，不可以剃头。倘若大家都出家了，谁养育父母，君臣关系怎么维系？唐宪宗李纯想把佛骨迎到皇宫里去，韩愈写下了《谏迎佛骨表》来劝谏，却被贬到潮州做刺史。之后佛教和儒家就越来越和谐了，因为佛教越来越中国化，在戒律上面也没有这么严格。佛教从印度刚进入中国的时候，翻译多是直译，后来把中国人的一些观念加进去成了意译。宗教的力量是如此巨大，从印度到中国，隔着喜马拉雅山，很难跨越，但是在宗教信念的驱使下，佛教绕过了喜马拉雅山，到西域绕了一圈，然后到了中土大唐。

明代有一个很明显的思潮，就是儒释道三教合一，甚至出现了三一教，教主是明代著名思想家、我的莆田老乡林兆恩。这儒、道、佛三教的排他性都不明显，基督教的排他性则很明显，你信了基督，绝不能再信其他。传教士们一般充满热情，愿意去世界上最没有人去的地方，最艰苦的地方传教，他们认为基督教是普世真理，一定要传播到世界的任何一个地方。很

明显，基督教把自己视为唯一的真理和崇拜，不可以再崇拜其他的神灵，排他性很强。

中国的佛教、道教，就完全没有排他性。你信什么都可以，你信佛也可以信道，完全是兼容的。日本也是这样，日本的各种宗教教徒的总和要比总人口多得多，因为一个人可以信多种宗教。中国人也有这样的说法，见神就拜，这是我们一个很有趣的宗教特色。不管是儒家、道家，还是佛教，如果说有戒律的话，也都是"自度"的，并不存在一个外在的超强力量在制约着你，三者的共通之处是强调对个人欲望和心态的调适，是基于个人心性上面的精神修养。在这三教之中，佛教算是最持戒律的了，但也只是"自度"，所谓"酒肉穿肠过，佛祖心中留"。吃斋念佛的居士或是出家人说，不可以吃蒜、韭菜、洋葱，道理在哪里？事实上是因为这些东西有刺激性，能激发人的欲望和念想，所以不能吃这些东西。

所谓的文明、教化，都是对于个人比较原始、自然的欲望的控制或调节，市场行为跟人类文明进化是有明显冲突的。市场就是不断地刺激你的欲望，本来家里什么都不缺，但你只要随便地在商场、超市或高级场所走一圈，就会觉得家里还缺了很多东西，那是因为所有产品的设计包装和广告推广都是基于对消费者欲望的再造和婉饰，它不断制造并产生一些虚拟的欲望，尽管不一定是人的真实和必要的需要。商业氛围过浓，人们整天被广告包围和轰炸，就很难做到对内心欲望的调适，这是对于文明教化的很大挑战。有此挑激，让习惯于消费文化的今人对儒、道、佛的基本理念多了一层隔阂。

三　大传统与小传统、精英与大众界限的打破

中国文化现在正面临一个断裂的时期，这个断裂并不是说社会主义时期的"破四旧"，或是革命时期的打倒传统，而是随着教育的普及，活字印刷术的出现，精英与大众之间的界限逐渐模糊，雅俗共赏，趋向于一种大传统和小传统之间的中传统。

古时候识字的人和不识字的人界限分明。识字的人是社会的精英，掌握了对文字的创作权和解读权。文字刻在竹片上，传播速度非常慢。宋代的活字印刷发明引发了一场革命性的变革，书籍的翻印出版，完全不需要再从头到尾一字一字刻下来，只要有三五千个刻好的活字，就随时可以挑拣组版开印。从宋代到1980年代没有出现电脑排版之前，我们所有的报社出版社都是活字印刷，这一伟大发明持续造福中国文明一千年，是件再了不起不过的事情。之后出现的科举制度，形成了乡绅阶层，他们可在当地百姓中传播文化，这样上层和下层之间就有了直接的沟通媒介，形成了雅俗共赏的局面。精英文化和通俗文化的界限被打通，这促使中国社会出现了多方面的改变。

文言文逐渐开始发生变化。日常生活中的较口语化的东西进入文字传播，在传播上取得一些优势，好像口语也能够变成白纸黑字，这在以前是不可能出现的。文言文原来属于精英阶层才能掌握的，当时的人要学到一定的程度才可以作文，才能写出一篇文章。从唐宋开始，文言文开始后撤。研究汉语史的史存直先生就断言，"唐宋词汇已开始疏离文言词汇"。我们读《朱子语类》时，发现宋代大思想家朱熹的一些文章就非常活

泼和口语化。"五四"时期的白话文运动,也是承接着宋代开始的趋势。当然,即使白话文运动鼎盛之际,也仍有一批文化精英予以坚决反对,反对的理由就是白话文推广后,人人都能识字,人人都能看懂文章,这恰恰会导致经典文化和精英文化的退化。因为经典文化如能掌握在少数精英的手中,传播会较为精准,一旦人人都有了解释权,精英文化的传播就可能出现很多差别,就会以讹传讹。

从清末民初开始,中国社会进入一个革命时代,不仅仅是说共产主义或社会主义革命,从孙中山先生推翻帝制创建中华民国开始,就是遵循革命的路数和策略,对社会进行革命性的改造。此当然更加剧了文化的断裂,导致很多语言和词语,原来的含义跟我们现在所指的含义有了很大的差异,所谓"百姓日用而不知"。其实何止是"百姓",即使是今天的文化精英,又有几个人有心并有力去寻味语词原先的奥义?

今天,我们似乎面临文化断裂与复兴相互交织的局面。1978年后的改革开放,得到社会各阶层的广泛拥护。但是1990年代以后,既得利益阶层形成,社会差距扩大,阶层和阶层之间难以达成共识,社会溃败并原子化,不管是成功人士还是被边缘化的失落人群,越来越多的人开始关注个人,比如说比较强调关注养生、吃斋念佛、心理调适乃至心性修养等。当然也有一些有抱负、有理想的公共知识分子,在推动传统文化的复兴上面,不仅仅注重内心的修为,而是从"内圣"转为"外王",强调传统文化如何转化为当代中国社会治理的资源。这些都是我们对日常语词的含义予以文化自觉的契机。

四 "洗涤语词"

对于一些日常使用的语词，只要稍加注意，就会觉得，哇，我们使用的一些语词好像还很有文化。其实，中国文化的精神始终浸染影响着大家，只是我们没有体察而已。

很多语词包含有丰富、深刻的含义，但在久远的语用过程中，有的语词含义变迁了，有的扩大了，有的缩小了，有的则转移了。有如一粒明珠，外表被粉尘遮蔽，需要做清洁的工作。我把这项工作叫作"洗涤语词"，就是探究这个语词原来的含义，以及这种含义背后的"大传统"。如果说语言是思想存在的"家"，洗涤语词，就可以让我们的"居家"更加宽敞。当然，最先需要洗涤的语词应该越通俗越常用越好，这样才会给更多的人带来文化自觉的震撼。

先举与儒家的"大传统"有关的词语。

如上所述，儒家强调入世，比较社会化，因此，与其相关的词语的意向色彩比较明显，试举三例。

"天经地义"。汉代董仲舒根据阴阳五行说，说"孝"是"天经"，"忠"是"地义"。为什么这么说呢？万物的生灭变化由于五行的相生相克，木生火、火生土、土生金、金生水、水生木，这种相生的次序是不能颠倒的，其乃天地万物之经纬，即"天经"。同理，父亲把儿子生为什么模样，儿子就得按什么模样去成长，不能翻脸不认账，这也是一环扣一环的，"父授之，子受之，乃天之道也"，否则就是不孝。父子的关系依照于"天经"，君臣的关系则依照于"地义"。董仲舒说"地出云为雨，起气为风。风雨者，地之所为，地不敢有其功名，必上之于天"，这个地非常谦卑，雨是从天上来的，不敢居功，不说"地风地雨"而说"天风天雨"。君臣关系也如此,你有功劳,都要记得是皇上的,这就是"忠"。

"麻木不仁"。中医有"麻木"的概念,比如说手麻了、脚麻了,"麻木"的本意是部分跟整体失去联系了。为什么"麻木"与"不仁"相提?"仁"就是种子的核心部分,如花生仁、瓜子仁,"仁"具有向外生发扩张的生命力。"麻木不仁"就是局部坏死之后,像瓜子仁、花生仁一样失去了生发扩张的能力。

"通情达理"。"通情"与"达理"并非并联关系,而是因果关系,即因为"通情"所以"达理"。用"以理杀人"去形容宋代理学家其实是不准确的。理学家也承认"食色性也",不可"绝欲"也不可"纵欲",只是"适欲"。朱熹说"天只教我饥则食,渴则饮,何曾教我穷口腹之欲",吃饱就是,不能一味穷奢极欲。人应该超然于情欲之上,这就是"通情"。"通情"即不为物累,就可以静观万物,应接万物,从而体察到万物之理,即"理达"。

此外还有"理直气壮""理所当然""风流""气象"等。

次举与道家的"大传统"有关的词语。

如上所述,道家是"出世"的,今天流行的一些意向色彩比较弱的词语,都跟道家有关。试举三例。

"虚心"。道家认为心是澄明的,没有什么污点、灰尘遮蔽。"虚"是充盈的意思,并不是说什么都没有。"虚心"既是心性修炼的过程(去除欲望杂念)也是结果(内心澄明虚静)。"虚心"之心方可装得下自然万物,"虚心"之心是充盈的。"虚"是一个非常有意思的词,既不是有,也不是无,其所充满的并不是具体的、可见的东西,具体可见的东西恰恰会把"心"堵塞住。"虚"是比较有超越性的,但又不是什么都没有,不是虚空,是一种超越性的充满。

"随时"。现在的用法和道家的不一样。《易传》里说"天下随时,随时之义大矣哉",是说一定要紧随天地自然节奏,亦步亦趋,如《老子》所言"尽随于天而不敢为天下先",这叫"察天时""奉天时"。不"随时"即"背时""逆时",必定"时不再来",必定"时运不济"。电视连续剧里面常说"秋后问斩",因为秋天比较萧瑟,落叶飘零,杀人是"随时"的。而春天是个万物生发的季节,应该大赦,皇上往往在春季开恩大赦天下。如果"春后问斩"或者"秋季大赦",那完全是"背时"的,后果会很严重。

"因为"。"因为"与"随时"是密切相关的。"随时"是随天之时,"因为"是因天之为,是依借、依凭于天地自然的时势的。人的任何私下作为,都是不足恃的人为,一定要依着自然的"时""势"去作为。《管子》讲"因之术""静因之道",《吕氏春秋》讲"贵因""因则无敌",都是强调"因"的价值。"因为"其实就是"无为"之道。老子说"无为而无不为",如果把它改成"因为而无不为",也无妨老子旨意。

此外还有"道德""卫生""放心""精神"等。

再举与佛教的"大传统"有关的词语。

如上所述,佛教是"超世"的,其所见,皆不定皆幻灭。有意思的是,来源于佛教的、今天极为流行的一些词语,大多数竟与佛教"大传统"大异其趣。试举三例。

"世界"。今天的"世界"基本上是一个空间概念,但佛教里讲的"世界"是个时间和空间的概念。《楞严经》里有"世为迁流,界为方位。汝今当知,东、西、南、北、东南、西南、东北、西北、上下为界,过去、未来、现在为世"。"世"有时间的含义,包括一个流变、迁徙,就是过去、现在、未来的时间流变。"界"就是佛教里面说的十方,即十个方位。

"现在"。在佛教里，一切事物都是因缘而生，因缘而灭。因缘发生作用的时候，那一刹那间就叫"现在"。"现在"就是指无常无住，刹那变化不滞留的。我们说你一定要珍惜现在的时光，这在佛教看来是很荒唐的，刹那是不可滞留的，没法珍惜。《金刚经》里面说"现在心不可得"，指"现在"是无常、流变、迁徙、生变的。

"摩登"。佛经《摩登女经》里面记载这样一则故事，僧侣阿难持钵乞水，遇到了一位女子，系印度贱民部族摩登伽，属首陀罗种姓。依据印度的传统，首陀罗种姓的人为四种姓中最下阶级的贱民。这个摩登伽女非常喜欢这个僧人，回家后得了相思病，并和母亲说非此人不嫁。母亲非常操心，把僧人请回家招待，说你一定要娶我的女儿，这个僧人很狼狈，怎么娶呢，后来佛来解难。"摩登"在这里是指一种爱、欲望、污浊、不干净的、造成烦恼的事物。但是现在说你很摩登，就是恭维、赞扬，说你很时髦、很时尚。

此外还有"手续""单位""实际""方便""浩劫"等。

以上不过是给有意穿越语词密林者的一些指引而已，旨在提醒大家可以从日常言语中开展文化自觉。老实说，如果没有源远流长的中华文化，没有这些圣贤、先哲传承给我们的大智慧，我们恐怕连话都讲不成。所以，我们讲话也应该常怀感恩之心。

有人说中国现在没有文化软实力，我对这个说法不太赞同。出口多少影视作品，那只是文化产业，并非文化软实力。真正的文化软实力应该是在面对外来文明挑激或者历史大转折的关头，你有消化应对的能力。哪怕是遭受非常严酷的外部环境，这个民族还能对文化有一种传承。从语词的角度说，我认为中国文化就像一条河流，即使有一些外在的因素冲击，比如说革命的或是市场的，但是我们每个人内在的文化源流并没有中断。中华文化已深刻入微地渗透到我们日常使用的大量语词中，我们每天都在跟传统文化中的一些基本精神理念打交道。文化传承，不仅要写书法，朗诵唐诗宋词，设立孔子学院，我们每个人其实都可以从日常生活、从身边做起，从语词的文化自觉开始。

（原刊《广东外语外贸大学学报》2012年第3期）

你所不知道的帝王
——读"学术小说"《李世民》

在广州白云国际机场候机的间隙闲逛书屋，店口醒目处赫然摆着东方出版社新近出版的《李世民》。当时就想，我的朋友李大华教授的这本号称"学术小说"的新作，大概要荣登畅销书榜了。

我所认识的李教授是专治隋唐道家与道教史的名家，此前有两卷本的《隋唐道家与道教》问世。旁人或许不解一个思想史的学者缘何染指"小说"，不过，于李教授而言，借助文学"神游故国"，再现公元7世纪的帝国辉煌，则是他心中挥之不去的梦。

唐代道教流行，帝王结交道士或者道士为朝廷重臣，乃寻常之事，如太宗时期，道士出身的魏征成了一代名相，太史令傅奕更以著书《老子注》名世。因此，李教授在研究隋唐道家与道教的过程中，自是难以置身于"朝廷"之外。李教授说："每翻开那个时期的历史文卷一次，就激动一次。书中的人物在我的脑子里面不知萦绕了多少遍，我甚至说不清是他们使我不得安宁，还是我打扰了他们，以至于我觉得不得不对此做个了结，而这种了结的方式，除了拿起笔来把我们之间心灵的对话写出来，没有更好的办法。"而令其最难以忘怀的是开创"贞观之治"的唐太宗，正是这个"半人半神"的帝王，"把中国固有的思想与文化资源运用得淋漓尽致，将人道与法律的精神结合得如此完美"。

不过，在古装片、清宫戏充斥电视屏幕的今天，"帝王"早已被涂抹得失去了原貌。李教授说，此前热播的电视剧《贞观长歌》《贞观之治》中的李世民"都不是我所了解的李世民"。他执意从正史出发，以文字再现"帝王"的生活世界，虽然他明知这肯定是一件吃力不讨好的事。李教授花了5年时间，遍读《贞观政要》《唐太宗集》《新唐书》《旧唐书》《资治通鉴》《唐会要》《唐语林》《大唐新语》《唐大诏令集》《唐才子传》《全唐文》等史料之后，提笔创作《李世民》，既以历史学的方法注重历史事件的准确描述，也不忽略以文学的手段再现历史人物的内心世界，更以哲学的视野达成对历史的深度理解。因为需时时顾及史实，《李世民》一书并不像常见的帝王剧那般把故事情节编造得跌宕起伏，但该书所呈现的，也许是你所不知道的帝王。

电视剧里的帝王无不为所欲为，甚至还有点儿癫狂。问题是，历代帝王若果真一意孤行，完全置帝国文官集团于不顾，中华帝制何以绵延数千年？在黄仁宇先生的《万历十五年》一书中，我们看到弘治皇帝和万历皇帝如何以央告的口气要求大学士同意免朝而不得，看到万历皇帝想为其母亲装潢宫室以表孝心而如何遭到宰相张居正的反对。同样，在《李世民》一书中，作为帝王的唐太宗也是时常受到文官集团的掣肘。

帝王大都喜好佳丽，"后宫三千"，毋宁是帝制允许之事。但美人当前，唐太宗也有难遂心愿之时。庐江王杀人而娶人妻，太宗灭庐江王之后将该妇人留在宫里，不料遭到谏议大夫王珪的反对而未果，太宗自叹"庐江王能做的事，天子就不能做。"又如，隋朝旧臣郑仁基女儿相貌殊绝，太宗下了诏书迎娶，宰相魏征耳闻该女子此前已许配人家了，于是匆忙进宫禀报。魏征全然不顾皇家的礼聘车队即将出发，劝阻太宗道："此事一旦传播开来，百姓会认为陛下行的不是为民父母之道"，太宗也只好放弃己之所爱以成全小民之爱。

对帝王来说，任何小事总"兹关大体"，帝王的一言一行都会被记录在《起居录》中，谨言慎行是帝王的基本功。正如起居郎杜正伦对唐太宗进言："君举必书，陛下的言论都要记载保存在左使那里。陛下若一句话悖于道理，就要累及圣德千年，就不只是有损当今百姓，但愿陛下谨慎。"为此，虽贵为帝王，也不得不牺牲或者遮掩个人兴趣。登基之后的唐太宗仍有骑马射箭的爱好，大理少卿孙伏伽则谏言："天子居则在九门之内，行则需列仗警卫，不可自己选择随意骑马的方式，这不是取决于陛下个人的好恶，而是取决于百姓与社稷的需要。"一日，太宗完成祭祀之后意欲顺便狩猎，因担心被魏征等人知道，只好扫兴作罢。太宗还喜欢玩鹞子，一日魏征求见，正在玩鹞子的太宗情急之下匆忙将鹞子藏入袖中，最后，太宗心爱的鹞子被活活闷死。

陈寅恪先生说："吾中国文化之定义，具于《白虎通》三纲六纪之说，其意义为抽象理想最高之境，犹希腊柏拉图所谓idea（理念）者。"从"抽象理想最高之境"的角度看，此"三纲六纪"有如中华帝制之"constitution"（韩国儒学新锐咸在鹤即以"作为宪法的'礼'"作为其在哈佛的法学博士论文），其主要功能在于保证帝制之运作。时人往往将"三纲六纪"斥为"封建枷锁"，其实只是念念不忘于君为臣纲、父为子纲、夫为妇纲，而恰恰忘了君君、臣臣、父父、子子、夫夫、妇妇。比如"君君"，第一个"君"是个动词，说的是做君王的人必须像个君王的样子。汉代大儒董仲舒说"君者，群也"。如果君王一意孤行，那就不是君王了，因为他不"群"。不

"群"即为"独夫",而沦为"独夫"的君王是可杀的,所谓"诛独夫"也。所以,黄万盛教授曾言:"讨论君道的问题,要从中国古代最广泛的政治资源去了解,而不是从'五四'乃至于今天电视连续剧所塑造的那些皇帝形象去理解。"

一味地把历代帝王塑造成颐指气使、横行跋扈的形象,也许迎合了受众的阴暗心理和某些精英的"反封建"情结。但是,如果中华帝制的故事仅仅只具有供大众娱乐消遣的功用,那是真正在糟蹋历史。

在你坐着追看完一集又一集的"帝王剧"之后,在站立起身的一刻,想一想,是否还有你所不知道的帝王?

(原载《南方都市报》2009年8月2日)

后　记

　　这是一本"大杂烩"似的文集，既有中国哲学的论文，也有讲演稿、随笔、受访记和时评，其中除少数篇章外，大部分经已发表。

　　这种看似散乱的结集方式及文章的排列顺序，其实是对自己从 20 世纪 80 年代至今的心路历程的一次梳理——"文化热"的狂飙，研习中国古代哲学的耽乐，遭遇流俗文化的偏激，创办刊物的磨砺，身处异国的旷逸，农村田野调查的贴地，还有为《南方日报》《南方都市报》撰写时评专栏时对民气及文化复兴的期待。

　　本书名为《白昼之子》，意欲表明即便何等艰深的倾情用力入世，我们终究不过是白昼的儿子，粗糙而通俗，无以触及夜的静谧及其柔软内里。

　　有关华南农村及社会建设方面的研究论文，也已分别结集为《孙村的路》和《无主体熟人社会及社会重建》，年内可望陆续出版。

　　将自己已发表的众多散篇分类结集，好比驿站里整理行装的旅人，不是为了走得更远，而是为了走得更简易。

吴重庆
2014 年 4 月 7 日

图书在版编目(CIP)数据

白昼之子:60年代学人独白/吴重庆著.—北京:社会科学文献出版社,2014.6
ISBN 978-7-5097-5881-6

Ⅰ.①白… Ⅱ.①吴… Ⅲ.①社会科学-文集 Ⅳ.①C53

中国版本图书馆CIP数据核字(2014)第067156号

白昼之子
——60年代学人独白

著　　者/吴重庆

出 版 人/谢寿光
出 版 者/社会科学文献出版社
地　　址/北京市西城区北三环中路甲29号院3号楼华龙大厦
邮政编码/100029

责任部门/经济与管理出版中心 (010) 59367226　　责任编辑/恽　薇
电子信箱/caijingbu@ssap.cn　　　　　　　　　　 责任校对/王建龙
项目统筹/恽　薇　　　　　　　　　　　　　　　 责任印制/岳　阳
经　　销/社会科学文献出版社市场营销中心 (010) 59367081　59367089
读者服务/读者服务中心 (010) 59367028

印　　装/北京季蜂印刷有限公司
开　　本/880mm×1230mm　1/32　　　印　张/9
版　　次/2014年6月第1版　　　　　　字　数/215千字
印　　次/2014年6月第1次印刷
书　　号/ISBN 978-7-5097-5881-6
定　　价/45.00元

本书如有破损、缺页、装订错误,请与本社读者服务中心联系更换
▲ 版权所有 翻印必究